Martina Kessler

W0195665

Eheleben
Chance zu zweit

SCM Hänssler

SCM

Stiftung Christliche Medien

Bestell-Nr. 395.126
ISBN 978-3-7751-5126-9

© Copyright der deutschen Ausgabe 2009 by
SCM Hänssler im SCM-Verlag GmbH & Co. KG · 71088 Holzgerlingen
Internet: www.scm-haenssler.de
E-Mail: info@scm-haenssler.de
Umschlaggestaltung: Jens Vogelsang, Aachen
Titelbild: Corbis GmbH
Satz: typoscript GmbH, Kirchentellinsfurt
Druck und Bindung: CPI – Ebner & Spiegel, Ulm
Printed in Germany

Inhalt

Für Emanuel, Natanja und Raphael, Micha Christian
und Josia Benjamin

Kurz und bündig

Geht es Ihnen nicht auch so? Über manch einen Themenbereich würde man gerne als Normalbürger Bescheid wissen (oder muss es vielleicht sogar). Doch was die Fachleute schreiben, ist im Normalfall zu kompliziert und zu umfangreich. Wer hat schon Zeit, sich in jedes Thema wochenlang einzuarbeiten!?

Hier wollen wir Hilfestellung leisten. In *Hänssler kurz und bündig* geben Fachleute, die sich mit einem Thema schon seit Jahren intensiv beschäftigen, kurz und verständlich einen Überblick über das, was man wissen muss, wenn man Bescheid wissen will und mitreden können möchte.

Dabei enthält jeder Band der Reihe *Hänssler kurz und bündig* die folgenden Elemente:

- Fakten und Basisinformationen
- Die Diskussion kontroverser Fragen
- Praktische Hilfen und Hinweise zum Weiterarbeiten

All das ist so angelegt, dass der Leser sich in zwei bis drei Stunden (also etwa statt des Abendkrimis oder auf einer Zugfahrt) ein Thema in seinen Grundlagen aneignen kann. Die Anwendung im Leben oder das anschließende Gespräch mit anderen wird dann aber sicher etwas länger dauern ...

Ich würde mir wünschen, dass dieser kleine Band Ihren Horizont erweitern kann und die Informationen liefert, die Sie suchen.

Thomas Schirrmacher

Vorwort des Herausgebers

Als meine Eltern heirateten, war eine Goldene Hochzeit nach 50 Jahren Zusammenleben die Ausnahme. Nie hätten sie einmal gedacht, dass sie das Ereignis jetzt nur noch im Fotoalbum anschauen, denn das Ehejubiläum ist schon lange her. Heute ist dank der Lebenserwartung eine Goldene Hochzeit für die, die sich nicht vorher trennen, die Regel. Nächstes Jahr bin ich 25 Jahre verheiratet, dabei habe ich das Empfinden, mein Leben habe gerade erst richtig begonnen, und bin voller Tatendrang.

Die Jahrzehnte, die man heute zusammenleben kann, stellen aber auch eine enorme Herausforderung dar. Denn in Jahrzehnten ändert sich nicht nur die Welt um uns herum enorm, sondern auch wir uns selbst. In immer neuen Lebensphasen muss sich eine Beziehung bewähren, die meist anfänglich einmal aus ganz anderen Gründen geschlossen wurde. Ob man früher einmal zusammenpasste, spielt nach zwei Jahrzehnten kaum noch eine Rolle, ob man dagegen heute miteinander reden und Veränderungen gemeinsam bewältigen kann, entscheidet alles.

Kann man aber über das, was ein jahrelanges Zusammenleben ermöglicht, *kurz und bündig* schreiben? Kann man ein halbes Jahrhundert in zwei Stunden fassen? Natürlich muss man dafür manches unberücksichtigt lassen. Aber wenn man die Herausforderung berücksichtigt, ist Martina Kessler aus ihrer eigenen Lebenserfahrung und der Erfahrung als engagierter Eheberaterin und Fernsehmoderatorin ein guter Wurf gelungen. Natürlich, wer sich hier *kurz und bündig* informiert, wird ohne eigenes Engagement und oft auch ohne Hilfe von außen nicht immer weiterkommen. Aber er findet hier die Grundprinzipien einer auf Kommunikation aufgebauten Langzeitbeziehung, lernt die typisch menschlichen Kommunikationshindernisse kennen und erfährt, wo man ansetzen muss, um sie zu überwinden.

Ich wünsche allen Lesern, dass das, was hier *kurz und bündig* steht, in ihrem Leben lang und intensiv Wirklichkeit wird.

Thomas Schirrmacher

Vorwort

Als Tanja und Reiner heirateten, hatten sie schon eine Menge miteinander erlebt. Schöne Tage des Verliebtseins und auch traurige Tage, denn Reiners Mutter starb nach langer, schwerer Krankheit zwischen Verlobung und Hochzeit. Gerade die schweren Tage brachten sie emotional einander näher. Reiner, ein aktiver Familienvater und solider Arbeitnehmer, liebt Tanja. Und Tanja, eine engagierte Mutter und fleißige Hebamme, liebt Reiner. Sie haben drei gemeinsame Kinder.

Auf einmal wird alles anders. Tanja zieht aus und will auch nicht mehr zurückkommen. Reiner ist verwirrt, rat- und sprachlos.

In unserer Kultur heiraten die meisten Leute, weil sie meinen, den Partner oder die Partnerin fürs Leben gefunden zu haben. Kein Mensch geht in eine Ehe mit der bewussten Haltung: »Ich werde in der Beziehung unglücklich sein oder Schaden nehmen.« Und doch wird jedes Paar über kurz oder lang merken: »Irgendetwas fühlt sich jetzt komisch an.« Wenn die Flitterwochen vorbei sind – auch wenn diese länger dauern als der gemeinsame Urlaub nach der Heirat –, kehrt der Ehealltag ein. Das Ankommen im Alltag ist für manche Paare verwirrend; häufig die erste »Ehekrise«. Das Eheleben scheint doch schwieriger zu sein als vermutet.

Und jetzt? Mit dieser Frage bleiben viele Paare alleine. Werden nun die Chancen zu zweit nicht aktiv genutzt, wird nicht aktiv an sich und an der Ehe gearbeitet, ist der Einstieg in eine Ehekrise vorprogrammiert.

Woran erkennt man Ehekrisen? Was sind die Auslöser? Ist das Anderssein des Ehepartners eine Bereicherung für das Zusammenleben? Wann ist Unterschiedlichkeit ein Problem? Wie können Auswege gelingen? Auf diese Fragen sollen Sie in diesem Buch erste Antworten finden. Die verschiedenen Ansätze zeigen, wie Sie Ihr Eheleben besser verstehen und Krisen als Chancen nutzen können. Viele der angesprochenen Themen können Sie weiter vertiefen.

Erst wenn die Tatsache einer Ehekrise in der eigenen Partnerschaft akzeptiert wird, ist deren Überwindung möglich. Erst dann können Sie gemeinsame Wege aus der Krise heraus suchen und finden. Allerdings ändert sich Ihre Situation nur dann, wenn Sie die notwendigen Schritte auch gehen. Manchmal geht das im Selbsthilfeprozess und manchmal nur mit qualifizierter Anleitung. Ihre Ehe ist Ihr Unternehmen, dem von Zeit zu Zeit – und besonders in der Krise – eine »Unternehmensberatung« guttut.

Im Buch finden Sie immer wieder Beispiele aus dem Eheleben. Vielleicht ist Ihnen die eine oder andere Situation vertraut. Jede Geschichte hat einen realen Bezug zum Leben und ist so verfremdet, dass Rückschlüsse auf Personen und Situationen nicht möglich sind. Die Rollenverteilung ist geschlechtsunabhängig und kann von Ihnen beim Lesen vertauscht werden.

Ich wünsche Ihnen die Bereitschaft, die eigene Ehewirklichkeit mit Ihrem Ehepartner/Ihrer Ehepartnerin anzuschauen, und gegebenenfalls den Mut, Hilfe von außen zuzulassen. Genauso, wie die Flitterwochen keine Ekstase pur sind, so ist die Ehekrise nicht zwangsläufig eine Katastrophe. Beide sind Chancen, die Sie für sich nutzen können!

Martina Kessler

I. Eheleben – Chance zu zweit?

Viele Liebesfilme enden mit einer romantischen Hochzeit. Der wirkliche Ehealltag beginnt dann erst! Die Flitterwochen sind meist wunderschön. Das normale Eheleben liegt allerdings zwischen Traumhochzeit und Ehekrise. Keine Ehe hat ständig Honeymoon und jede Ehe kennt Krisenzeiten.

Durch die deutsche Gesetzgebung sind Eheleben und Ehealltag nur wenig reglementiert. Die Gestaltung der Ehe soll eigenverantwortlich und in Freiheit stattfinden können. Man kann also viel für eine gute Ehebeziehung tun, man muss es aber nicht.

Auszüge aus dem BGB[1]:

§ 1353: Eheliche Lebensgemeinschaft.

1. Die Ehe wird auf Lebenszeit geschlossen. Die Ehegatten sind einander zur ehelichen Lebensgemeinschaft verpflichtet; sie tragen füreinander Verantwortung. (...)

§ 1356: Haushaltsführung, Erwerbstätigkeit.

2. Die Ehegatten regeln die Haushaltsführung im gegenseitigen Einvernehmen. Ist die Haushaltsführung einem Ehegatten überlassen, so leitet dieser den Haushalt in eigener Verantwortung.

3. Beide Ehegatten sind berechtigt, erwerbstätig zu sein. Bei der Wahl und Ausübung einer Erwerbstätigkeit haben sie auf die Belange des anderen Ehegatten und der Familie die gebotene Rücksicht zu nehmen.

§ 1360: Verpflichtung zum Familienunterhalt.

Die Ehegatten sind einander verpflichtet, durch ihre Arbeit und mit ihrem Vermögen die Familie angemessen zu unterhalten ...

Wenn die Möglichkeiten zur freiheitlichen, verantwortungsvollen Gestaltung des Ehealltags ungenutzt bleiben, ist die Chance zu zweit schnell verspielt.

Die Symptome einer Ehekrise sind jedoch nicht schnell erfassbar. Häufig spürt es aber einer der Ehepartner: »Wir sind in einer Krise!«

Viele Beratungsgespräche beginnen dann ähnlich. Eine sichtlich hoffnungslose Ehefrau eröffnet das Gespräch zum Beispiel mit dem Satz: *»Mein Mann sagt, wenn ich ein Problem in unserer Ehe habe, dann soll ich zur Beratung gehen. Er habe kein Problem.«* – Oder ein zerknirschter Mann sagt: *»Ich hatte eine Beziehung zu einer anderen Frau. Damit habe ich meine Frau sehr verletzt. – Aber ich liebe beide Frauen!«* Seine Frau sitzt dabei und äußerst verwundert und empört zugleich: *»Ich kann das nicht verstehen. Ich dachte, wir sind glücklich!«*

Manche Ehepartner verweigern »nur« die Beratung. Andere brechen aus der Beziehung aus, um woanders zu bekommen, was sie zum Leben brauchen. Wieder andere reden sich ein, dass in ihrer Ehe doch alles in bester Ordnung sei. Es gibt verschiedene Möglichkeiten, der Krise zu begegnen – ihre Existenz bleibt eine Tatsache.

1. Von Krisen und Warnsignalen

Fallende Aktien zeigen eine Finanzkrise, Verkaufsprobleme zeigen eine Absatzkrise. Ein Burn-out zeigt eine Lebenskrise und pathologische Veränderungen der Blutwerte zeigen eine Krankheit, eine Krise des Körpers, an. Woran erkennt man eine Beziehungskrise, wenn Kontrollmechanismen durch Zählen, Messen und Wiegen entfallen?

Das Wort »Krise« wird meist im Sinn einer Zuspitzung von etwas gebraucht. Es meint eine problematische Situation oder eine Entscheidungssituation, die mit einem Wendepunkt verknüpft ist. Wenn ein Herzinfarktpatient in eine Krise kommt, dann wissen alle, jetzt ist erhöhte Aufmerksamkeit geboten. Der Patient braucht dann eine ihm besonders zugewandte Betreuung. Die schwierige Situation steigert sich bis zu einem Höhepunkt, der zum Wendepunkt in der Entscheidung über Leben und Tod werden kann. Wie sich die Situation verändert hat, kann allerdings erst nach der Krise erkannt werden.

Warnsignale kündigen die bevorstehende Krise meist an. Manche Krise könnte schon im Vorfeld gestoppt werden, wenn die kommenden Gefahren als Warnsignale erkannt worden wären. Leider geschieht gerade das bei schwer erkennbaren Beziehungsproblemen häufig nicht. Die kommenden Gefahren liegen

1. in der Zuspitzung der Situation, die dann nicht mehr ohne weiteres beherrschbar ist,
2. im gegenseitigem Argwohn der Partner,
3. in der Beeinträchtigung des Ehe- und Familienlebens.

Ein fortgeführter negativer Verlauf wird zur Katastrophe, zum Niedergang. Dazu soll es nicht kommen. Darum ist es notwendig, spätestens dann zu handeln, wenn eine Krise sichtbar wird, besser noch, wenn erste Warnsignale auftreten. Warnsignale können dann Chancen werden!

Eine Beziehungskrise wird von den beteiligten Partnern meistens unterschiedlich bewertet. Während der eine meint, die Beziehung sei in einer tiefen Krise, hat der andere das Gefühl, alles sei in bester Ordnung. Für den einen ist ein Tief in der Beziehung etwas, was dazugehört – es macht schöne Tage umso schöner. Für den anderen ist ein Beziehungstief eine Katastrophe, das direkt in eine Scheidung führt. Daher ist es schwierig, eine allgemeingültige Norm für eine Beziehungskrise zu formulieren. Die Definition: »Wenn ein Partner ein Problem in der Beziehung hat, dann gibt es auch ein Problem!« macht deutlich, dass die Beziehung ein System mit zwei Partnern ist.

In Deutschland kommt zurzeit auf zwei Eheschließungen eine Ehescheidung. Die Ehekrise war aus Sicht der betroffenen Eheleute wohl so weit fortgeschritten, dass sie keine Hoffnung auf Heilung mehr hatten.

	Jahr	2005	2006	2007	2008
Eheschließungen	Anzahl	388 451	373 681	368 922	376 998
Ehescheidungen	Anzahl	201 693	190 928	187 072	191 948

Tabelle 1: Anzahl der Eheschließungen und Ehescheidungen in Deutschland (Statistisches Bundesamt 2009).[2]

Da der Scheidungshöhepunkt in den ersten fünf bis acht Ehejahren liegt, kann man davon ausgehen, dass die Eheleute die ersten Konflikte schon sehr früh im Zusammensein erleben. Allerdings kann vermutet werden, dass sich nur wenige Paare vor der Heirat bewusst machen, welche Schwierigkeiten eine Ehe mit sich bringen kann. Sie werden bei der Heirat selten erwartet, manchmal über- und manchmal unterschätzt. Leider machen sich die wenigsten Heiratswilligen im voraus Gedanken darüber, wie sie Beziehungsschwierigkeiten in der Ehe begegnen könnten.

2. Häufige Symptome

Ehekrisen werden anfangs häufig vom sensibleren der Ehepartner wahrgenommen. Bei diesem Partner steigt das Gefühl für die Bedrohung der Beziehung. Er sieht eine Ansammlung von kritischen Symptomen auf die Partnerschaft zukommen. Es entsteht Beziehungsunsicherheit. Vielleicht thematisiert der Ehepartner die Dringlichkeit einer Veränderung, weil er die aktuellen Erlebnisse als prägend für die Zukunft empfindet.

Die Ehekrise ist zunächst seine subjektive Wahrnehmung, die erst später objektiv erkennbar wird. Die Beziehungsunsicherheit wird in Verzweiflung umschlagen, wenn der Partner/die Partnerin nicht auf die Warnsignale eingeht. Ohnmächtige Verzweiflung kann sich auch in Zorn und Wut äußern.

Manche Eheprobleme sind vorhersehbar, andere sind völlig unerwartet und wieder andere treten geplant, also absichtlich initiiert, auf. Wenn sich ein Ehepartner sexuell verweigert, dann ist die sexuelle Versuchung des anderen Ehepartners vorhersehbar. Demgegenüber kann eine unerwartete Arbeitslosigkeit eine Ehe zuerst in eine finanzielle Krise und später auch in eine Ehekrise bringen. Eine geplante Krise entsteht, wenn ein Ehepartner bewusst Druck aufbaut, damit der andere sich ändert.

Die aus Einzelfaktoren entstehende Krise kann oft erst im Nachhinein und mit Distanz im Gesamten betrachtet werden. Subjektives Erleben kann objektiviert und dann meistens von beiden Partnern als Krise erkannt werden. Manchmal ist es dann bereits schon zu einer Auflösung der Ehe gekommen. Daher ist es besser, das subjektive Empfinden eines Ehepartners rechtzeitig ernst zu nehmen. Frühzeitige Gespräche hierüber helfen, gemeinsame Lösungen zu finden.

Sichtbare Symptome in der Kommunikation

Glückliche Paare tauschen sich oft und gerne miteinander aus. Dazu gehört auch, dass man dem anderen sagt, was man an ihm positiv findet. Die meisten Eheverlaufsstudien zeigen einen Zusammenhang zwischen mangelhafter Kommunikation und der Schwierigkeit, bei Problemen befriedigende und konstruktive Lösungen zu finden. Paare, die sich häufig über das Positive in ihrer Beziehung austauschen, sind weniger von Problemen belastet.

In der Krise wird es für Paare immer schwerer, miteinander qualitativ hochwertige Gespräche zu führen. Am Kommunikationsverhalten der Partner – das oft schon vor der Hochzeit eingeübt wird – zeigt sich eine Ehekrise sehr bald. Leider werden die (im

Folgenden beschriebenen) Symptome vor einer Eheschließung von den Betroffenen selbst oft nicht wahrgenommen. Das sich auf die Ehe nachteilig auswirkende Kommunikationsverhalten wird von anderen Aspekten überlagert oder akzeptiert oder nicht wahrgenommen oder verniedlicht o. Ä. »Man redet ja miteinander.« Die Absprachen zum normalen Alltag gelingen. Aber die Qualität der Gespräche verändert sich in einem schleichenden und zunehmenden Prozess. Die Eheleute werden sich ihre Empfindungen und ihre Gefühle, ihr Wollen und ihre Wünsche, ihre Träume und ihre Ziele nicht mehr mitteilen. Sie reden zwar miteinander, aber nicht (mehr) über sich selbst.

Zwischen Sensibilität und Empfindlichkeit

Wenn ein Ehepartner nicht mehr so gut zuhört und ihn vieles überhaupt nicht erreicht, dann ist der andere ohnmächtig geworden. Wenn er dann auch noch mit bewertenden, abwertenden, interpretierenden oder verniedlichenden Entgegnungen rechnen muss, schlägt normales, sensibles Miteinander in Empfindlichkeit in der Beziehung um.

Eine sachliche Aussage oder eine normale Frage des Partners wird interpretiert und damit zum Angriff. Der einfache Fragesatz *»Wo ist die Milch?«* kann zu *»Wo hast du sie denn heute wieder hingestellt?«*, *»Warst wohl wieder nicht einkaufen!«* oder gar *»Du bist so verschwenderisch!«* werden. Man kann sich leicht vorstellen, wie der Dialog weitergehen könnte: *»Was willst du damit schon wieder sagen?«* *»Ich habe doch nur gefragt, wo die Milch ist!«* *»Ja, klar – aber dein Ton ...«* Und schon sind die Eheleute in einem sichtbaren Konflikt – wieder ein Stückchen weiter im Abwärtstrend ihrer Beziehung.

Angst beeinflusst Kommunikation

Die Bereitschaft zu reden nimmt ab, wenn man Angst hat, verletzt zu werden. Diese Angst wird durch die eigene Interpretation des Gesagten möglicherweise verstärkt. Man verschließt sich mehr und mehr. Es wird immer schwieriger, dem Partner die wahren Gefühle zu zeigen und Persönliches miteinander zu besprechen. Ist dieser Mechanismus erst einmal in Gang gesetzt, wird er sich weiter verstärken, wenn die Partner nicht bewusst aus dieser Spirale aussteigen.

In die Beziehung zieht eine gewisse Sprachlosigkeit ein. Vielleicht ist das für Außenstehende bisher noch gar nicht bemerkbar, denn die Alltagskommunikation gelingt weiterhin. Aber herabsetzende Bemerkungen, die Angst, Bitten an den Partner zu richten, und zunehmendes Misstrauen zu den Aussagen des Partners werden den fortschreitenden Prozess negativ beeinflussen.

Falsche Alternative: Schweigen

Manche Eheleute nehmen »Nicht streiten« in der Ehe als Indiz für eine gute Ehebeziehung. Das kann so sein, ist aber nicht automatisch so. »Nicht streiten« kann auch ein Indiz für eine tote Ehebeziehung sein. Natürlich leidet die ganze Familie unter einem dauerhaften Ehestreit. Dennoch ist häufiges Streiten immerhin noch eine Form von Beziehung – wenn auch eine negative. Aber der andere ist es immerhin noch wert, dass mit ihm gestritten wird.

Eheleute, die nicht mehr miteinander über Persönliches reden und nicht mehr streiten, sind sich egal geworden. Das ist ein gefährlicher, subtiler Mechanismus. Man lebt nebeneinander her und trifft die notwendigen Absprachen. Aber es gibt kein Miteinander mehr. Der Andere ist egal, die Ehebeziehung gleichgültig und damit tot.

Häufig steckt dahinter auch das intensive Bedürfnis, sich schützen zu wollen. Es kommt vor, dass Eheleute diesen Schutzmechanismus schon mit in die Ehe bringen, andere erwerben ihn in der Ehe.

Sichtbare Symptome im Konfliktverhalten

Paarkonflikte haben vielfältige Ausdrucksformen und ranken sich um unterschiedlichste Inhalte. Häufig beginnen sie mit

Fragen zur Alltagsorganisation und mit Diskussionen um die Beziehung. Die zehn häufigsten Konfliktherde liegen in Beruf, Geld, Sexualität, Schwiegereltern, Kindern und Erziehung, Hausarbeit, Zukunftsplänen, Außenkontakten und Eifersucht, Grundwerten sowie Macht und Einfluss[3]. Zunehmende Sprachlosigkeit führt dann zu einer latenten, unterschwelligen und deshalb nicht so leicht erkennbaren Konfliktsituation. Wenn unklare Situationen nicht mehr geklärt, sondern die eigene Meinung in oberflächliche Anspielungen gepackt wird, spielt man unbewusst mit dem Partner und der Paarbeziehung. Das Paar bewegt sich damit voneinander weg, wenngleich es immer wieder Momente gibt, in denen die Paarbeziehung funktioniert und es ein echtes Miteinander gibt.

Tatjana und Tom denken über ihre Wohnsituation nach. Tom wünscht sich ein eigenes Haus, Tatjana würde gerne weiter zur Miete wohnen. Tom empfindet Tatjanas Zurückhaltung als Ängstlichkeit, Tatjana bewertet Toms Wunsch als leichtsinnig und unrealistisch. Beide sind von der Richtigkeit ihrer Vorstellung überzeugt. Die weitere Entwicklung der Beziehung wird nun beeinflusst von dem Weg, den Tatjana und Tom einschlagen, um mit ihren unterschiedlichen Sichtweisen umzugehen. Werden sie sich einander transparent machen und einen gemeinsamen Weg suchen oder werden sie auf der eigenen Position beharren, die Sichtweise des Anderen beurteilen oder gar abwerten?

Die Konfliktstufen

Das von Friedrich Glasl[4] entworfene wissenschaftliche Modell zur Konflikteskalation[5] hilft bei der Diagnose und Behandlung von Konflikten und kann auch bei Ehekonflikten zur Klarheit verhelfen.

Auf jeder Konfliktstufe können die Partner stehen bleiben und sich darin jahrelang gegenseitig quälen. Auf jeder der Stufen können die Ehepartner aber auch entscheiden: »Wir steigen aus!«

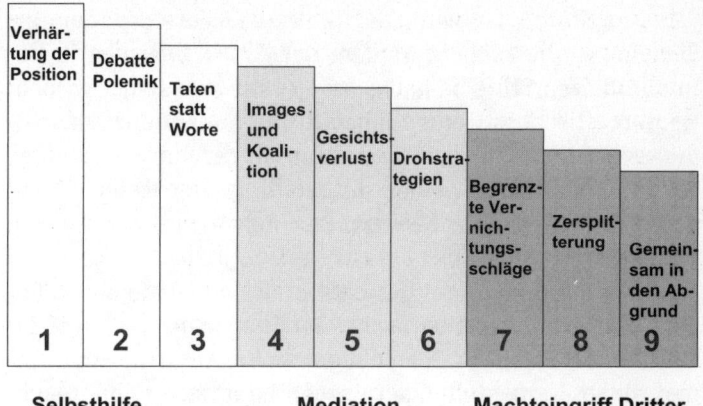

| 1 | 2 | 3 | 4 | 5 | 6 | 7 | 8 | 9 |

Verhärtung der Position — Debatte Polemik — Taten statt Worte — Images und Koalition — Gesichtsverlust — Drohstrategien — Begrenzte Vernichtungsschläge — Zersplitterung — Gemeinsam in den Abgrund

Selbsthilfe   **Mediation**   **Machteingriff Dritter**

Abbildung 1: Neun Konfliktstufen nach Glasl

In der ersten Stufe der Konflikteskalation verhärten sich die Positionen. Die Spannungen beginnen und prallen gelegentlich aufeinander. Weil das auch alltägliche Kommunikation ist, werden die Spannungen oft nicht als Beginn eines Konfliktes wahrgenommen.

In der zweiten Stufe wollen die Konfliktpartner einander mit Strategien und Argumenten überzeugen. Das führt zu Meinungsverschiedenheiten, Streitereien, endlosen Debatten und zeitweiliger Polemik. Allerdings sind beide Partner dabei immer noch an Lösungen interessiert.

Auf der dritten Stufe erhöhen die Konfliktpartner den Druck aufeinander. Ihr Ziel wird nun, sich mit der eigenen Meinung durchzusetzen. Die schnelle Verschärfung des Konflikts stört die Kommunikation daher immer mehr. Irgendwann werden die Gespräche abgebrochen und es kann keine Kommunikation mehr stattfinden. In der absteigenden Beziehungsdynamik werden nun aus Worten Taten. Wenn der andere nicht hören will, dann muss er eben fühlen. Bis zu dieser Phase kann sich das Paar noch selbst aus der Krise heraushelfen. Dafür müssten die Eheleute für die zwischen ihnen ablaufenden Mechanismen sensibel sein.

In den Stufen 4–6 wird die Hilfe eines Mediators oder eine Eheberatung notwendig werden. Der Konflikt verschärft sich in der vierten Stufe dadurch, dass Koalitionspartner gesucht werden. Klischees werden bemüht und Konkurrenz zueinander verbalisiert, die dann auch deutlich gezeigt wird. Kinder, Eltern oder Freunde werden als Verstärker der eigenen Sicht gegen den Ehepartner benutzt. Der Andere wird zum Gegner, der verlieren soll.

In Stufe fünf wird der Gesichtsverlust des Anderen als Gewinn für einen selbst verbucht. Der Ehepartner wird bloßgestellt in der Familie, bei Freunden, im Verein usw., öffentlich und direkt. Unterstellungen werden benutzt, um die Glaubwürdigkeit des anderen zu untergraben.

Drohungen und Gegendrohungen prägen die Stufe sechs. Jeder versucht die Situation zu kontrollieren und die eigene Macht zu zeigen. Gegenseitige Ultimaten und »Wenn, dann« – Formulierungen prägen das Miteinander, das immer mehr zum Gegeneinander wird. Sanktionen werden angedroht und mit Drohgesten untermauert. Wenn jetzt der Ausstieg aus der Konflikteskalation nicht gelingt, dann sind es nur noch wenige Schritte bis zum gemeinsamen Abgrund.

Eine Veränderung der Beziehungsdynamik ist dann nur noch durch einen Machteingriff Dritter zu erreichen. Der Weg zum Richter ist vorprogrammiert. In Stufe sieben werden sich die Ehepartner mit gegenseitigen begrenzten Vernichtungsschlägen traktieren. Begrenzter eigener Schaden ist ein Gewinn, wenn der Schaden des Gegners größer ist. Der Gegner wird immer weniger als Mensch wahrgenommen. »Hauptsache, ich schade ›dem‹, auch wenn ich dabei selbst einen kleinen Schaden erleide!«

In der achten Stufe zersplittert die Beziehung. Der Ehepartner ist ein Feind geworden, dessen Zerstörung das Ziel geworden ist.

Der gemeinsame Abgrund ist die letzte, neunte Stufe in der Beziehung. Die eigene Vernichtung wird in Kauf genommen, um den Gegner zu besiegen. Dann gibt es keinen Weg mehr zurück. »Bevor du das Haus bekommst, werde ich auf eine Zwangs-versteigerung hinarbeiten. Dann verlieren wir eben Haus und Geld. Hauptsache, du bekommst nichts!« Die Bedrohung der eigenen Existenz wird im Lichte der Bedrohung, die der Andere erlebt, als weniger schlimm bewertet. In letzter Konsequenz kann das so weit gehen, dass ein Partner entscheidet: »Bevor du die Kinder bekommst, bringe ich uns lieber alle um.« Um den Tod des anderen herbeizuführen, ist ein Selbstmord möglich geworden oder wird als erweiterter Suizid geplant.

Manchmal können einzelne Stufen übersprungen werden. Wenn der eine Partner denkt: »Wir sind erst bei ›Taten statt Worte‹«, kann der andere schon einen Anwalt mit der Ehe-scheidung beauftragt haben. Natürlich muss es nicht in jedem Fall gemeinsam in den Abgrund gehen. Dennoch verlieren bei einer Ehescheidung in aller Regel beide Partner.

Symptom: Sexualität und sexuelle Zufriedenheit

Eine Ehekrise wird für die Eheleute selbst oft erst dann sichtbar, wenn die eheliche Gemeinschaft in der Sexualität betroffen ist.[6] Neben der ehelichen Gemeinschaft an sich, ist Sexualität auch sichtbar gewordene Kommunikation und ganzheitlich zu verstehen. Es geht dabei immer auch um Empfindungen, Gefühle, körperliche Wahrnehmung, Denken, Phantasie, Kom-munikation – also um viel mehr als nur Sex.

Ein Blick auf die Realität

Studien zeigen, dass die Erfolgschancen einer Ehe nicht da-durch steigen, dass man vorher Sex hat. Wenn Ehepaare vor der Ehe Sex miteinander hatten, erhöht dies die Wahrschein-lichkeit zu außerehelichem Geschlechtsverkehr, da die Grenze, Sex erst in der Ehe genießen zu wollen, bereits einmal über-sprungen wurde.

Besonders schädigend wirkt es sich aus, wenn die Partner Vergleichsmöglichkeiten mit früheren Partnern nutzen können. Da die Bundesbürger im Durchschnitt 7-8 Sexualpartner vor der Eheschließung haben, kann man sich die negativen Folgen für monogame Ehebeziehungen gut vorstellen.[7]

Sexualität – ein Spiegel der Ehe

Eine in vielen Facetten gute eheliche Gemeinschaft bringt meist ein ebenso gutes Sexualleben hervor. Umgekehrt kann man von einem schlechten Sexualleben auf eine schlechte Ehe schließen.

Nicht in Worte gefasste, unterschwellige Konflikte werden in der Sexualität sichtbar. Ein rücksichtslos kommunizierender Mann wird beim Vollzug körperlicher Liebe nicht zu einem empathischen Liebhaber; eine zu Betrügereien neigende Ehefrau wird ihre Verlogenheit mit ins Ehebett nehmen.

Die sexuelle Zufriedenheit wird von den Erwartungen an die eigenen Möglichkeiten, von den Erwartungen an den Partner und von dessen Möglichkeiten geprägt. Diese Erwartungen sind nicht immer realistisch – aber realistische wie unrealistische Erwartungen haben Einfluss und können eine Ehekrise hervorbringen.

Es ist dabei wichtig abzugrenzen, ob es sich um eine sichtbar werdende Krise handelt oder um verschiedene Auffassungen und Formen von Sexualität. Diese Abgrenzung ist deshalb wichtig, damit durch die eigene (falsche) Bewertung der wesensmäßigen Sexualität des anderen keine Ehekrise entsteht, sondern sich die Partner gegenseitig als Bereicherung erleben. Dazu werden Sie in Teil II weitere Informationen finden.

Störungen der Sexualität – ein Tabu

Wenn Eheleute mit ihrer Sexualität dauerhaft unzufrieden sind, ist die Ehe in der Krise. Trotz aller freizügigen Darstellungen von Sexualität und trotz bereits im Kindesalter stattfindender Aufklärung, ist die eheliche Praxis der Sexualität eher ein Tabuthema.

Zusätzlich führt ein eingeschränkter Wortschatz allenfalls zu »verschüchterten Äußerungen«. Man hat keine Worte für das, was man sagen möchte. Oder man bedient sich einer Sprache, die nicht angemessen erscheint und die Sexualität schon durch die Wortwahl schmutzig macht. Wenn es dann auch noch darum geht, sexuelle Unzufriedenheit in der Ehe auszudrücken, werden die Menschen ganz schweigsam – auch Eheleute miteinander.

Gute Literatur muss man mit viel Engagement suchen, gute Information oder Diskussionen finden kaum statt. Im Ehebett muss es einfach klappen. Ein Problem? Das kann nicht sein. Sex, das kann man doch! Die Realität ist anders.

Ulla und Robert leiden unter ihren unterschiedlichen Erwartungen an die Häufigkeit, den Ort und die Abwechslungsmöglichkeiten in der Sexualität. Beide denken von sich, dass sie das »Richtige« wollen. Jeder ist damit beschäftigt, den anderen von seiner Sicht der Dinge zu überzeugen. Sie streiten, aber es ändert sich nichts.

Wer sich bei sexueller Unzufriedenheit aus Scham, Ignoranz oder Stolz keine Hilfe holt, wird sein Problem letztendlich nicht lösen, sondern es verschlimmern. Das wird häufig eher in Kauf genommen, als Schwierigkeiten, Unkenntnis oder Verwirrtheit preiszugeben. Sich beraten zu lassen erfordert De-Mut.

Axel denkt, bei jedem Sex einen Höhepunkt bei Eva auslösen zu müssen; Eva fühlt sich verpflichtet, einen haben zu müssen. Beide denken außerdem, ein gemeinsamer Orgasmus bringe wirkliche Liebe zum Ausdruck. Eva spielt ihrem Mann daher gelegentlich einen Höhepunkt vor. Sie will ihn nicht frustrieren und er ist unter Leistungsdruck. Je länger sie schweigen, umso schwieriger wird es, ehrlich zu werden.

Und wenn gar nichts läuft?

Das Kapitel über Sexualität und sexuelle Zufriedenheit soll nicht enden, ohne diese schwierige Problematik in einer Ehe anzusprechen. Wenn sich ein Partner dem anderen sexuell entzieht, kommt der andere meistens in große Nöte. Jede siebente Ehe ist ohne Sex. Dazu resümiert ein Trainer von Führungskräften: »Fast jede dritte männliche Führungskraft, die zu mir ins Coaching kommt, hatte seit sechs Monaten keinen Sex mehr mit der Ehefrau.«

Svetlana verweigert sich ihrem Mann schon mehrere Jahre. Artur ist nur noch mutlos und verzweifelt. Svetlana sagt, sie habe einfach genug davon.

Obwohl für 80 % der Männer und 60 % der Frauen zwischen 40 und 80 Jahren Sexualität wichtig ist, ist jeder zweite Ehepartner mit seinem Sexualleben unzufrieden. 49 % der Männer und 37 % der Frauen haben ihren Partner beziehungsweise ihre Partnerin schon einmal betrogen, um ihre sexuelle Unzufriedenheit mit einem anderen Partner zu stillen. Der wichtigste Grund dafür ist ganz simpel: Die meisten Partner kennen schlicht die Wünsche, die sie aneinander haben, nicht oder nur unzureichend. Im Durchschnitt werden in einer Beziehung 35 % der sexuellen Wünsche der Männer und 44 % der Wünsche der Frauen befriedigt. Umgekehrt bedeutet das, dass 65 % der Männer und 56 % der Frauen mit unerfüllten sexuellen Wünschen umgehen müssen, obwohl sie in einer Beziehung leben.[8]

Jonas hat selten Lust auf sexuelle Aktivität. Und wenn es doch dazu kommt, dann nur mit großem Einsatz. Jonas und seine Frau Hanna überlegen, sich scheiden zu lassen. Für Hanna könnte dann mit einem anderen Mann ein erfülltes Sexualleben möglich werden.

Mögliche Ursachen für sexuelle Störungen:

- Mangelndes Selbstbewusstsein: Wer sich selbst nicht mag, mag sich auch nicht präsentieren. Wer sich nicht mag, wird sich in einer Beziehung nicht fallen lassen können. Der Zweifel »Bin ich gut genug?« regiert. Komplimente stoßen auf Unglauben und werden misstrauisch zurückgewiesen.

- Zu viel Unausgesprochenes, Verletzendes, Ungeklärtes erhöht die negative Spannung zwischen den Eheleuten und steht sexueller Gemeinschaft im Weg.
- Eine starke oder zu mächtige Frau: Manche Männer haben ein Problem damit, wenn ihre Frau erfolgreicher ist als sie.
- Störungen durch das Umfeld: Kinder, die etwas hören könnten; Eltern, die zu dicht wohnen; soziale oder berufliche Probleme, die mit ins Ehebett genommen werden; langfristig körperliche oder psychische Anstrengungen, die ermüden und ermatten.
- Prostataerkrankungen oder Blasenentzündungen.
- Pornographische Darstellungen in Zeitschriften, aus dem Internet oder durch Filme. Sie entsprechen selten der Realität. Nur wenige Männer und wenige Frauen können diesen hohen und manipulierten Vorgaben gerecht werden – Frustration in der Ehe ist vorprogrammiert.
- Häufige Selbstbefriedigung verändert die Lust auf ehelichen Verkehr. Sexuelle Spannung wird abgebaut, die zum Nutzen für eine glückliche Ehebeziehung werden könnte.
  Selbstbefriedigungssucht findet häufig unter Einbeziehung pornographischer Darstellungen statt. Die Bilder, die Abläufe und die Bewegungen werden aufgenommen und verinnerlicht. Dann stehen sie einer realen sexuellen Begegnung in der Ehe im Weg.
- Im Jahr 2006 erlebten in Deutschland 52 231 Menschen Straftaten gegen ihre sexuelle Selbstbestimmung.[9]
  Häufig waren weibliche Jugendliche und Heranwachsende die Opfer. Die Dunkelziffer ist deutlich höher. Die Zahlen schwanken. Vermutlich erleben 20-30 % aller Frauen einen oder mehrere sexuelle Übergriffe. Mögliche konkrete Folgen für eine Ehebeziehung sind: dem Sex aus dem Weg gehen, Angst oder gar Ekel vor Männern, eine Verkrampfung der Scheide u. v. m.

Als Täter wurden überwiegend männliche Erwachsene ab 21 Jahre ermittelt, die Zahl der Täter unter 18 Jahren steigt an. Der missbrauchende Mann selbst kann dauerhaft impotent werden – auch wenn er verheiratet ist.

Manche Hindernisse (vorübergehende Einschränkungen verschiedener Art wie z. B. Krankheiten, Schwangerschaftsprobleme, kranke Kinder, etc.), die zu sexuellen Störungen führen, müssen sicherlich (zeitweise) akzeptiert werden. Andere können mit psychologischer Betreuung vermindert oder geheilt werden.

Leider sind die sich sexuell verweigernden Ehepartner häufig nicht bereit zu einer Beratung.[10] Der Gewinn einer Veränderung erscheint ihnen kleiner, als die Angst, der traumatischen Ursache oder dem Ziel der Verweigerung ins Auge zu schauen. Daher bleibt die Ehe in der Krise.

Symptom: Eheliche Zufriedenheit

Wie zufrieden Eheleute mit ihrer Ehe sind, hängt von weiteren, unterschiedlichen Faktoren ab. Die Rollenerwartung und -verteilung in der Ehe beeinflusst die Zufriedenheit genauso, wie die Charaktereigenschaften und Angewohnheiten der Partner. Ebenso prägen die finanzielle Situation, das Freizeitverhalten und der Umgang der Partner mit Kindern, Freunden und Verwandten die Zufriedenheit mit.

Die unterschiedlichen Themen können eine Ehekrise auslösen oder verstärken. Ohne die Grundpfeiler einer Ehe, die in grundsätzlicher Wertschätzung, gegenseitigem Respekt, aktiver Kommunikation, hilfreichem Umgang mit Konflikten und in gesunder Sexualität bestehen, wird sich die Krise verstärken.

Zu nah bei den Eltern

Eheliche Zufriedenheit wird auch mitbestimmt von der Beziehung zu den Eltern und Schwiegereltern. Wenn sich beide Partner, oder auch nur einer, innerlich nicht von den eigenen Eltern abgelöst hat, ist Unzufriedenheit vorprogrammiert. Die

Ehe ist von Anfang an belastet, weil die Eltern *unsichtbar* mit in die Wohnung des Paares eingezogen sind. Räumliche Nähe kann das Problem verstärken.

Besondere Lebenslasten

Bei der Heirat versprechen sich manche Eheleute, »in guten wie in schlechten Tagen« zusammenbleiben zu wollen. »Schlechte Tage« können vorkommen und müssen dann ausgehalten werden. Häufige Versetzungen durch Arbeitgeber, Arbeitslosigkeit, die Pflege der alternden Eltern, Süchte, unheilbare Krankheiten oder der Tod eines nahen Angehörigen können zu einer Belastung für eine Ehe werden. Die Geburt eines schwer behinderten Kindes oder der Tod eines Kindes sind Zerreißproben für jeden Elternteil und damit für die Ehe.

Da die Eheleute mit so schwerwiegenden Lebenssituationen meist unterschiedlich umgehen, kann es zu Unverständnis und Missverständnissen im Miteinander kommen. Man ist so mit sich selbst beschäftigt, dass die Kraft für die Andersartigkeit des Anderen fehlt.

3. Auslöser von Ehekrisen

Im Folgenden werden verschiedene mögliche Einstiege in Ehekrisen aufgezeigt. Die Beispiele sind »aus dem Leben gegriffen« und erheben keinen Anspruch auf Vollständigkeit. Sie zeigen verschiedene Facetten und ergänzen sich häufig in der Ehekrise.

Bewusst oder unbewusst – Minderwertigkeitsgefühle und ihr Einfluss

Alle Menschen sind von einem mehr oder weniger großen Gefühl von Minderwertigkeit bestimmt. Die meisten Menschen versuchen, ihr Minderwertigkeitsgefühl zu kompensieren. Je stärker das Minderwertigkeitsgefühl ausgeprägt ist, umso mehr versucht der betroffene Mensch, es auszugleichen. Das führt häufig zu extremen Verhaltensweisen, die die zwischenmenschliche Gemeinschaft schädigen. Der Ausgleich des eigenen Minderwertigkeitsgefühls erfolgt in der Regel auf Kosten des Anderen.

Das aus dem Minderwertigkeitsgefühl genährte Geltungs- und/oder Machtstreben wird in der besonderen Nähe und Intimität einer Ehebeziehung zu einer Zerreißprobe und kann sehr facettenreich ausgelebt werden.

Sonja ist eine erfolgreiche Frau. Sie hat schon viele Projekte initiiert. Wenn man sie genau beobachtet, hört man, wie sie immer wieder die Schwächen anderer Leute thematisiert. Sie macht andere klein. Dann wirkt sie selbst größer. In Gesprächen mit ihr wird deutlich, dass sie das tun »muss«, damit sie selbst von sich denken kann, wie ausgezeichnet, exzellent und einzigartig sie ist.

Beide Wege – Geltungsstreben und Machtstreben – können auch durch vorangestellte Schwäche ausgedrückt werden. Dieser subtile Weg ist besonders tückisch, da der schwache Mensch zuerst einmal schützensbedürftig aussieht und man erst in der Länge der Zeit erkennen kann, wie viel Stärke in der Schwäche liegt.

Von falschen Vorstellungen und mangelnder Wertschätzung

Bei der Hochzeit hing der Himmel voller Geigen. Sie waren ein Traumpaar und träumten von einer perfekten Ehe. Nach einem Ehejahr sah das schon deutlich anders aus. Immer öfter gab es Auseinandersetzungen, wenn Frank Handball spielen ging. Es wurde ein dauerhaftes Konfliktthema daraus. Jetzt sind Frank und Anja 15 Jahre verheiratet. Jeder lebt sein Leben unabhängig vom anderen. Anja betreut die drei Kinder und Frank spielt, wenn er nicht gerade verletzt ist, Handball. Bei der Eheschließung hatten beide unausgesprochene Erwartungen aneinander. Anja meinte: »Wenn wir erst einmal verheiratet sind, wird er schon aufhören. Er liebt mich doch. Und wenn er nicht aufhört, dann werde ich ihn mir schon erziehen!« Frank dachte: »Wenn wir erst verheiratet sind und Anja merkt, dass ich jeden Tag für sie da bin, dann wird sie sich schon an mein Hobby gewöhnen. Und überhaupt, ich kann doch nicht alles für sie aufgeben!«

Die unausgesprochenen Erwartungen aneinander wurden zum Problem, weil:

- Frank und Anja ihre Erwartungen aneinander nicht offen besprachen und beide dachten: »Es wird sich schon regeln.«
- Anja für sich hinzusetzte: »Und wenn nicht, kann ich ja nachhelfen.«
- Anja meinte, einen erwachsenen Mann erziehen zu können.
- beide ihre Sicht für die richtige hielten und das Verhalten des anderen be- und abwerteten.
- Anjas Sicht von Liebe Erpressung beinhaltete. Wenn Frank aus Liebe tun muss, was ihr gefällt, ist jede Freiwilligkeit dahin.
- Frank wortlos davon ausging, dass Anja schon erkennen werde, dass er sie liebt. Er ging auch davon aus, dass die Hochzeit Anjas Haltung zu seinem Hobby verändert.
- Frank sein Hobby mit »alles« verwechselt. Damit bekommt es einen höheren Wert als das gemeinsame Eheleben.

Jeder Konflikt beginnt mit fehlender Wertschätzung[11], so auch hier. Wertschätzend wäre es gewesen, wenn Frank und Anja sich miteinander auseinandergesetzt hätten. Natürlich hätten ihnen vor der Eheschließung dazu alle Optionen offen gestanden. Sie hätten Kommunikation und den Umgang mit Konflikten lernen können. Vielleicht hätten sie sich auch entschieden, nicht zu heiraten. Aber wäre das schlimm gewesen? Jetzt verletzen sie sich zunehmend und ihre Kinder leiden unter der Situation. Beide fühlen sich voneinander verletzt, auch wenn beide unterschiedlich mit der Situation umgehen. Frank sucht Auswege außerhalb der Ehe und Anja leidet still vor sich hin.

Schweigen statt klären

Schweigen zerstört die Beziehung. *Uli vertritt seine Meinung vehement und merkt nicht, dass seine Frau Carmen immer stiller geworden ist. Sie schweigt, weil sie nicht riskieren will, ihn zu verärgern. Sie schweigt auch, wenn er ihr Erziehungsratschläge gibt. Er weiß auch, was sie anziehen sollte und wie sie ihre Zeit einteilen soll. Was soll Carmen schon sagen? Er weiß es ja doch besser. Sogar, wenn sie kompetenter ist als er, bekommt sie Ratschläge. Sie schweigt, grollt innerlich und reagiert psychosomatisch. Uli merkt das alles nicht. Er nimmt seine Frau immer weniger ernst und wahr.*

Carmen hat nun einen Fluchtweg gefunden. Vor einiger Zeit lernte sie einen netten, einfühlsamen Mann kennen. Er hört ihr zu und findet ihre Meinung interessant und bereichernd. Zum ersten Mal seit Carmens Hochzeit fühlt sie sich einem Mann gegenüber gleichwertig.

Die Abwärtsspirale begann mit Carmens Schweigen zu Ulis Verhalten – ihr Schweigen hat die Beziehung mit zerstört.

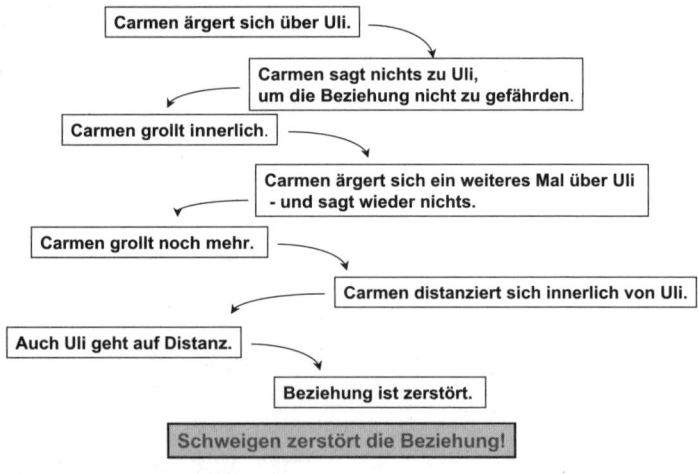

Abbildung 2: Die Schweigespirale[12]

Von der Konfliktvermeidung

Sören heiratet Eveline. Zuerst ist alles prima. Dann merkt Eveline, dass Sören sich der Klärung von Meinungsverschiedenheiten entzieht. Er steht kommentarlos auf und geht. Einmal schläft er sogar mitten im Gespräch ein. Eveline ist verzweifelt. Sie möchte Missverständnisse vermeiden, unterschiedliche Meinungen verstehen und klären. Sie sucht Korrektur, um mit ihm zusammen zu reifen! Doch so ist das nicht möglich.

Sörens Eltern stritten sich nie, wenn er dabei war. Geschwister hatte er keine. Diskussionen verwirren ihn. Er geht, weil er Evelines Forderungen nach mehr Gespräch als Druck empfindet, mit dem er nicht umgehen kann. Dass seine Ehe damit in eine Krise kommt, merkt er zwar, aber er weiß dem nicht zu begegnen.

Der sich einem Klärungs- oder Konfliktgespräch entziehende Partner fühlt sich ohnmächtig, weil er nicht weiß, wie er damit umgehen soll. Sich einem Konflikt wortlos entziehen, macht aber auch den Partner ohnmächtig. Nichts wird geklärt, nichts ausgeräumt. Wenn beide Partner schweigen, werden sie auch immer hoffnungsloser. Die Beziehung wird zerstört.

Probleme verkleinern und verschieben

Die eigenen Probleme oder die anderer zu verkleinern, kann normaler männlicher Sprachstil sein. Es ist eine Form von: »Ich schaffe es!« »Du schaffst es!« »Alles halb so schlimm!« Im Miteinander von Mann und Frau führt dieses männliche Sprachverhalten leicht zu Missverständnissen. Frauen fühlen sich dann eher nicht ernst genommen.

Manche Eheleute verkleinern Probleme allerdings, um sich so durchsetzen zu können. Dabei werden die Probleme oft auf den Partner verschoben. Dann fühlt man sich selbst frei von Schuld.

Claudia und Jürgen sind seit 20 Jahren verheiratet. Claudia ist nun besorgt, weil Jürgen immer häufiger unterwegs ist. Sie kann ihn dann auch oft nicht erreichen. Wenn Claudia das anspricht, hat er für jeden Zeitpunkt und jede Handlung eine

Erklärung. Erstens bestreitet Jürgen, dass er so viel unterwegs ist. Zweitens, wenn er nicht erreichbar ist, dann deshalb, weil er in einem Funkloch, auf einer Sitzung oder beim Chef war. Manchmal gibt er Claudia die Schuld. Schon deshalb, weil sie ihn erreichen wollte. Jürgen wirft Claudia auch vor, seine Arbeitsmenge aufzubauschen. Sein Arbeitspensum sei normal und sie nicht leistungsstark und -willig.

Alle sind verantwortlich, nur Jürgen selbst nicht. Claudia denkt: »Was bleibt mir anderes übrig, als Jürgen zu glauben?« Aber es bleibt ein Stachel der Unsicherheit und des Misstrauens.

Vertrauen ist gut, Kontrolle ist besser – oder?

Misstrauische Ehepartner wollen einander kontrollieren. Aber was früher ein Detektiv übernehmen musste, ist heute, dank moderner Medien, viel einfacher und ohne fremde Hilfe möglich. Ich bin immer wieder erschüttert, wie häufig Ehepartner das Handy, den PC oder die vom Partner aufgesuchte Internetseiten und Chatrooms heimlich kontrollieren. Je mehr ein Partner sein Misstrauen begründet sieht, um so mehr wird er kontrollieren. Die Atmosphäre von Angst, Misstrauen und Kontrolle verändert die Beziehung.

Markus hat einen Job in der Verwaltung und Lena ist häufig unterwegs, um Kunden zu besuchen. Manchmal muss sie deshalb auch auswärts übernachten. Markus schenkt seiner Frau Lena ein neues Handy. Er hat schon alle Einstellungen vorbereitet. Lena freut sich!

Irgendwann entdeckt Lena, dass Markus ihr Handy durchsucht. Er fragt sie nach den ihm unbekannten Nummern aus. Er wird immer misstrauischer. Je misstrauischer er wird, umso mehr versucht er, Lenas Kontakte zu kontrollieren.

»Ich« und »Du« und kein »Wir«

Ein wichtiger Entwicklungsschritt für eine gelingende Ehebeziehung ist es, wenn aus »Ich« und »Du« ein »Wir« werden kann. Diese Entwicklung findet langsam, und oft schon in der Vorbereitungszeit auf die Ehe, statt. Daher kann für diese Entwicklung kein genauer Zeitpunkt festgelegt werden. Wichtig ist, dass es passiert.

Allerdings sollen sich die Eheleute dabei in ihren Persönlichkeiten nicht auflösen und keine symbiotische Beziehung anstreben. Ein »Wir« kann sich nur dann gut entwickeln, wenn beide Partner (also »Ich« und »Du«) sich ihrer Wichtigkeit und ihres Wertes bewusst sind. Die Entwicklung des »Wir« ist nachhaltig gestört, wenn sich ein Partner entzieht.

Die Entwicklung wird aber auch dann gestört, wenn die Partner die Chance zum »Wir« nicht genutzt haben. Sei es, weil sie zu vorsichtig sind oder weil sie nicht aufeinander zugehen. »Mein« und »dein« bleibt dann getrennt. In der Paarbeziehung reden die Eheleute dann von »mein Geld«, »dein Fernseher«, »mein Auto«, »deine Küche«. Diese Wortwahl benutzen häufig die Paare, die vor der Eheschließung längere Zeit unverheiratet zusammenlebten.

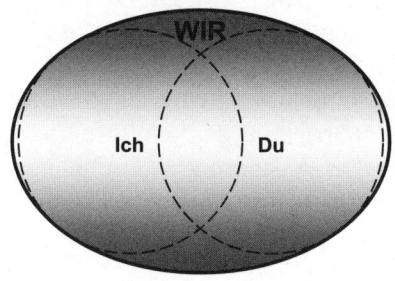

Abbildung 3: »Ich«, »Du«, »Wir«

Wenn sich kein »Wir« entwickeln kann, landen die Eheleute häufig in einem Machtkampf. Dann geht es um Sieg oder Niederlage, um Recht oder Unrecht haben.

Marc und Maggy lebten vor der Eheschließung schon mehr als 10 Jahre in einem gemeinsamen Haushalt. Der Wunsch nach einem gemeinsamen Kind führte zur Hochzeit, denn das Kind sollte ehelich geboren werden. Nun sind weitere drei Jahre ver-

gangen, und irgendwie ist alles anders geworden. Das meinen jedenfalls Marc und Maggy.

Wenn man genau hinschaut, ist genau das nicht passiert. Marcs und Maggys Eheleben zeigt zwei Singles, die nun verheiratet sind. Beide wollen ihre Selbstständigkeit so weit wie möglich auf allen Ebenen erhalten. Alles ist in »mein« und »dein« eingeteilt. Sie reden von »meinem« und »deinem« Einkommen, »meinem« und »deinem« Haus, »meinem« und »deinem« Ersparten, »meinem« Fernseher, »deinem« Auto, »meiner« Sofagarnitur und »deiner« Waschmaschine. Selbst das Kind ist »mein« Kind. Jeder versucht, es auf seine Seite zu ziehen. Die Ehe ist zum täglichen Kampfplatz geworden.

Wenn-dann-Beziehung

Lukas und Vanessa, seit über 20 Jahren verheiratet, sind überzeugt: »Wenn mein Ehemann/meine Ehefrau nur mehr an meinem Leben teilnehmen würde, dann kämen wir besser miteinander klar!« Beide kämpfen. Keiner gewinnt, aber beide verlieren ständig. Müde und resigniert wollen sie aufgeben.

Ehen, die am Wenn-dann-Denken zu scheitern drohen, basieren oft auf Enttäuschung. Der Partner/die Partnerin kann und wird die (falschen) Erwartungen nicht erfüllen, weil sie einem Bild vom Anderen entspringen und nicht der Realität.

Das Wenn-dann-Denken führt auch dann in eine Beziehungskrise, wenn vom Anderen der erste Schritt zur Veränderung erwartet wird. Ohne Vorschuss zu geben, wird Vorschuss erwartet.

»Ober« trifft »Unter«

Diese aus den bayerischen Spielkarten entlehnten Begriffe beschreiben, in welcher Beziehung manche Eheleute zueinander stehen. Sie leben in einer Ober-Unter-Beziehung. Die Zuteilung von »Ober« und »Unter« auf Mann und Frau ist geschlechtsunabhängig. Jeder Mann, jede Frau kann »Ober« oder »Unter« sein. Liebe ist das nicht, denn sie führt niemals zur Beherrschung des Anderen.

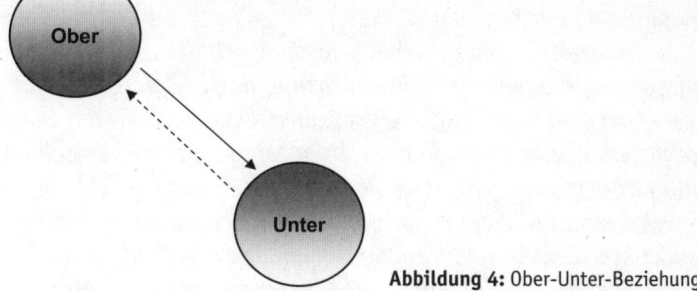

Abbildung 4: Ober-Unter-Beziehung

Eheprobleme treten dann auf, wenn ein Partner die Erwartungen des andern nicht erfüllt oder ein Partner eine Veränderung erreichen möchte, weil er diese Lebenssituation so nicht mehr will. Beide, »Unter« oder »Ober«, können diese Veränderung initiieren.

Doris und Christian haben 11 Ehejahre hinter sich. Doris leidet, weil Christian nicht »aus den Puschen kommt«. Wenn sie es nicht tut, dann geschieht nichts – so ist zumindest ihre Wahrnehmung. Er war schon immer der Umsetzer ihrer Anweisungen. Ohne Murren macht er, was er machen soll. Doris ist verzweifelt. Sie hätte doch so gerne einen Mann, zu dem sie aufblicken kann. Für ihren Mann empfindet sie immer mehr Verachtung.

Der »Ober« hat nur dann Macht, wenn der »Unter« ihm dies gestattet. In der Ehe kann jeder »Unter« Einfluss auf seine Situation nehmen. Manchmal scheitert eine Veränderung durch den »Unter« daran, dass der Ehepartner zwar eine Veränderung will, aber dabei die Vorteile der Ist-Situation nicht loslassen will. Z. B. soll der Vorteil »finanzielle Sicherheit« weiterhin bestehen bleiben und der Nachteil »mit dem Partner das Ehebett teilen« verschwinden. Die Ist-Situation beibehalten würde bedeuten: finanzielle Sicherheit haben und sexuelle Gemeinschaft leben. Eine Veränderung der Situation würde finanzielle Unsicherheit auslösen, aber von sexuellen Ansprüchen befreien.

Bei der Hochzeit war Tobias schon Oberarzt und Lydia in der Ausbildung zur Krankenschwester. Diese brach sie dann wegen einer frühzeitig eingetretenen Schwangerschaft ab. Solange Lydia und er die gleiche Rollenerwartung hatten, ging alles gut. Sie erzog die Kinder, durfte entscheiden, wann und wie das Haus renoviert wurde und wohin die Urlaubsreise ging. Er entschied alles andere und verwaltete das Familieneinkommen.

Jetzt sind 26 Ehejahre vergangen und die Kinder inzwischen selbstständig. Lydia drängt nun auf eine Veränderung. Sie möchte zum Familieneinkommen beitragen und mehr Mitsprache in finanziellen Angelegenheiten. Tobias möchte am gewohnten Rollenbild festhalten. Lydia und Tobias sind im Machtkampf angekommen. Lydia könnte etwas verändern, aber dazu müsste sie auf etwas Gewohntes verzichten. Das will sie nicht.

Chronische Unzufriedenheit

Perfektionisten wollen immer mehr, als sie schon haben. Natürlich soll auch der Partner perfekt sein! Er/Sie soll ein liebevoller Partner/eine liebevolle Partnerin sein, gut aussehen, Erfolg im Beruf und ein möglichst hohes Einkommen haben. Intelligenz, Verantwortungsbewusstsein und hohes Engagement als Vater/Mutter gelten als selbstverständlich, werden erwartet oder eingeklagt. Das führt nach und nach zu chronischer Unzufriedenheit bei beiden.

Sarah empfindet sich in der Ehe mit Daniel in einer dauerhaften Minussituation. Sie ist völlig verzweifelt und wurde auch schon wegen Depressionen behandelt. Dafür macht sie Daniel verantwortlich. Daniel erlebt Sarahs Ansprüche als überhöhte Forderungen. Sarah möchte mehr Familieneinkommen, eine andere Wohnung, weniger Arbeit, einen stärker zupackenden Ehemann, bravere Kinder und verständnisvollere Verwandte. Diese Ansprüche überfordern jeden Ehemann.

Von Rabattmarken und Paycards

Rabattmarken werden gesammelt, um Vergünstigungen, Rabatte oder Sonderzuwendungen bei nachfolgenden Einkäufen zu bekommen. Rabattmarkensammler sammeln meistens leidenschaftlich. In der Ehe werden negative Gefühle, Verletzungen, Zurückweisungen etc. gesammelt. Nichts wird geklärt oder vergeben. Am Zahltag wird ein volles Heft präsentiert. Es wird zur »Waffe« gegen den anderen. Was bei einem Einkauf bares Geld spart, wird eine Beziehung nachhaltig schädigen.

Jens sammelt Rabatte und Paycards – auch in der Ehe. Beim Hausbau hatte er sein ganzes erspartes Geld investiert. Carinas Kapital war deutlich kleiner. Sie wollten Geld einsparen, indem sie auf Eigenleistung am Bau setzten. Jens investierte viele Stunden. Carina arbeitete auch mit, aber sie versorgte auch immer wieder die vielen freiwillig und unbezahlt helfenden Freunde und Verwandten mit Essen. Diese Leistung bewertete Jens allerdings nicht als Eigenleistung, sondern als »normale Frauenarbeit«.

Später gab Carina ihren Beruf auf, weil ihnen Zwillinge geboren wurden. Jens sorgt nun alleine fürs Familieneinkommen. Nun ist Carinas Wunsch nach einem Urlaub zu einer Ehekrise geworden. Jens tut so viel für die Familie und jetzt will sie noch mehr? Letzte Woche legte er ihr all seine guten Werke auf einmal auf den Tisch. Da kann Carina nur verlieren.

Arbeit oder Familie

Die Einstellung zur Arbeit ist von Mensch zu Mensch unterschiedlich. Manche warten bei jedem Arbeitsbeginn schon auf den Feierabend. Andere lieben ihren Beruf. Dann besteht leicht die Neigung, viele Stunden in diese Tätigkeit zu investieren. Hinzukommende Sachzwänge oder Dringlichkeiten erhöhen die Arbeitsstundenanzahl schnell und deutlich.

Wer mit seinem Ehepartner gerne Zeit verbringt, wird trotz hoher Arbeitsbelastung Ausgewogenheit und Einvernehmen anstreben. Anders wird das, wenn die private Situation nicht einladend ist.

Paul liebt Frau und Kinder. Und er liebt seine Arbeit. Beruf und Hobby liegen dicht beieinander. Es ist nicht verwunderlich, dass er bereitwillig viele Stunden in »seiner« Firma verbringt. Seine Arbeit ist außerdem sinnstiftend. Es gibt immer wieder gute Argumente, dieses und jenes noch zu tun – und die Zeit verrinnt. Seine Frau Michi ist in der letzten Zeit immer unzufriedener geworden, weil die gemeinsame Ehepaarzeit deutlich geschrumpft ist. Michi möchte, dass sich an Pauls Arbeitsverhalten etwas ändert. Ist Paul zuhause, müssen auch noch liegen gebliebene Aufgaben bewältigt werden. Die Kinder fordern Zeit mit ihm – und er ist gerne Vater. Aber Michis Unzufriedenheit wächst und führt dazu, dass er immer häufiger länger im Büro bleibt.

Schleichende Veränderungen im Miteinander

Eine schleichende Veränderung im Miteinander von Eheleuten ist tückisch. Diese Veränderung wird häufig erst dann bemerkt, wenn sich die Eheleute schon weit auseinandergelebt haben.

Michael und Brigitte sind seit 30 Jahren verheiratet und haben inzwischen erwachsene Kinder. In den ersten Ehejahren haben die Eheleute viel miteinander unternommen. Dann wurden ihnen Wunschkinder geboren, ein Haus gebaut und Michael konnte seine Karrierewünsche erfüllen. Es gab so viel zu regeln und zu klären, dass für die Pflege der Ehebeziehung keine Zeit mehr übrig blieb. Jetzt sind Michael und Brigitte sprachlos im Miteinander geworden. So richtig verstehen können sie das nicht.

Altlasten, die belasten

Die in die Ehe mitgebrachten Einstellungen, Werte, Vorurteile und Bewertungen des Mann- bzw. Frauseins, von Geschlechtlichkeit und Geschlechtsakt, aber auch die Erlebnisse in der Ursprungsfamilie[13] beeinflussen und prägen die Beziehung mit. Das kann positive wie negative Auswirkungen haben.

Altlasten belasten eine Beziehung – mal mehr und mal weniger intensiv. Meistens bringen beide Ehepartner Altlasten mit in die Ehe. Es gibt so viele verschiedene Altlasten, dass daraus weitere Bücher entstehen könnten (zu vielen Themen sind bereits welche erhältlich). Jede Lebenslast sollte so bearbeitet werden, dass es möglich wird, die Last abzulegen oder sogar für die Zukunft positiv zu nutzen.

Das folgende Beispiel vereinigt verschiedene Belastungen aus der Vergangenheit, die in dieser Kombination auftreten können. Es kann aber auch sein, dass schon eine der Lasten so gravierend ist, dass die Beziehung darunter intensiv leidet.

Joachim und Ann-Kathrin sind seit einigen Jahren verheiratet. Sexuelle Gemeinschaft war schon immer schwierig für sie. Das konnten sie sich nicht erklären. Sie liebten einander und wollten eine gelingende Ehe führen! Irgendwann suchten sie eine Beratungsstelle auf. In einem langen Prozess mit schmerzlicher Kleinarbeit deckten sie die hohe Hypothek ihres Lebens, und damit ihrer Beziehung, auf. Die negative Einstellung von Ann-Kathrins Mutter zur Sexualität beeinflusst diese bis heute. Ihr Vater hätte lieber einen Sohn gehabt. Als 12-Jährige wurde Ann-Kathrin von ihrem Bruder sexuell missbraucht. Das verschließt sie bis heute.

Joachim erlebte einen dominanten und aggressiven Vater. Daher traut er sich bis heute nicht, seine Gefühle zu zeigen. Seine Mutter verwöhnte ihn einerseits und gestattete ihm andererseits keine Intimsphäre. Als 13-Jähriger versuchte er sich vor ihr zu schützen, indem er mit der Badehose in die Badewanne ging. Aber es gab keine Intimsphäre – nicht einmal in seinem Zimmer. Mutter hatte alles im Griff. Joachim lebt heute seine Sexualität mit Frauen aus, die nicht übergriffig werden können – am PC.

Altlasten können auch durch nicht verarbeitete, frühe sexuelle Erfahrungen mit Freunden, gescheiterten Beziehungen oder einer nicht verarbeiteten Ehescheidung entstanden sein. Diese gesellschaftlich immer häufiger auftretenden belastenden Erfahrungen werden dann zu einer Hypothek für eine neue Beziehung.

Jede Ehe geht durch mehr oder weniger starke Ehekrisen. Wenn zwei verschiedene Menschen aus unterschiedlichen Lebensumständen und Familiengeschichten zusammenkommen, dann wird es Konflikte und Krisen geben. Das Aufzeigen von häufigen Symptomen und der Einblick in mögliche Auslöser von Ehekrisen sollen Ihnen helfen, Ihre persönliche Situation zu analysieren.

Im nächsten Kapitel werden Sie modellhaft Informationen zur Unterschiedlichkeit von Menschen finden. Diese Inhalte sollen dazu beitragen, sich selbst und andere besser zu verstehen.

II. Anders ist anders – nicht falsch

Unterschiedlichkeit macht das Leben spannend, facettenreich und komplex, aber auch kompliziert und konfliktreich. Die Bewertung von Verschiedenheit in »Falsch!« und »Richtig!« führt zu einer Auf- und Abwertung der Verhaltensweisen. Auch wenn es grundsätzlich ein »Falsch« und »Richtig« gibt, so werden fremdartige Verhaltensweisen häufig nur deshalb mit diesen Etiketten belegt, weil einem diese Verhaltenweisen unbekannt sind.

Verschiedenheit kann das Leben reicher machen. Gerade in der Ehe kann sie ein facettenreiches, handlungsfähiges Team hervorbringen. Allerdings bieten die Unterschiede auch immer eine Basis für Missverständnisse, Konflikte und Krisen an.

In diesem Kapitel werden Sie drei verschiedenen Ansätzen begegnen, mit denen Sie Unterschiedlichkeit erfassen und besser verstehen können. Da alle Menschen Mischungen dieser modellhaft wiedergegebenen Unterschiede sind, ist es schwierig festzulegen, welcher Unterschied dominiert. Unter Einfluss der Gene und der Umwelt wird durch die eigene Deutung des Lebens eine Lebenslesebrille erstellt, durch die alles betrachtet und bewertet wird. Daher ist es gut, sich selbst und der Andersartigkeit des Partners/der Partnerin auf die Spur zu kommen.

1. Mann sein und Frau sein

Die Biologie lehrt, dass die Chromosomensätze XX und XY in jeder weiblichen bzw. männlichen Zelle des jeweiligen Geschlechts zu finden sind. Ob ein Junge oder ob ein Mädchen geboren wird, entscheidet sich im Augenblick der Zeugung,[14] denn das Geschlecht eines neuen Menschen ist davon abhängig, welchen Chromosomensatz das in die Eizelle eindringende Spermium (dt.: Samenfaden) mitbringt. Im Embryo angelegt, bilden die männlichen oder weiblichen Chromosomen zuerst das weibliche bzw. männliche Genitalsystem und danach weitere geschlechtsspezifische Unterschiede aus.

Männliche und weibliche Sexualorgane und Sexualität zeigen körperlich Mannsein oder Frausein. Inwieweit wesensmäßiges Mannsein oder Frausein geburtsbedingt veranlagt oder in der jeweiligen Kultur geprägt werden, ist wissenschaftlich strittig. Dennoch: auch wenn sich die Festlegungen innerhalb einer Kultur für männlich oder weiblich ändern, bleiben die Chromosomen eines Mannes männlich und die einer Frau weiblich.

Kinder werden Verhaltensweisen des gleich- und andersgeschlechtlichen Elternteils übernehmen, dennoch bleibt ein Mann wesensmäßig ein Mann und eine Frau wesensmäßig eine Frau. Die Verschiedenheit der Geschlechter können durch die Persönlichkeitsstruktur verstärkt oder vermindert werden. Alle Menschen sind Mischungen aus männlichen bzw. weiblichen Genen, Persönlichkeitsstrukturen, Geschwisterpositionen und ihrer Sozialisation.

Unterschiedliche Sprachen?
Die Unterschiede von Männern und Frauen zeigen sich auch in der Art und Weise ihres Sprachverhaltens.

Männer	Frauen
Männer denken bei Ärger, Stress oder Problemen alleine nach, um zu einer Meinung, Antwort oder Lösung zu kommen. Sie machen es mit sich selbst aus.	**Frauen sortieren beim Reden,** was sie beschäftigt. Sie erforschen sich selbst, verstehen im Reden ihre Gefühle, können sich besser konzentrieren und erzeugen eine Form von Intimität.

Männer reden, wenn sie genügend nachgedacht haben.
  Wenn Männer aufgefordert werden zu reden, bevor sie zu Ende nachgedacht haben, werden sie sich noch weiter zurückziehen.
	Frauen schweigen, weil sie den Partner nicht verletzen wollen.
	  Frauen werden männliches Schweigen im Sinne ihres eigenen Deutungsrahmens interpretieren. Sie denken: »Er schweigt, weil er mich nicht verletzen will.«

Männer verbalisieren Status und Unabhängigkeit. Sie sehen sich in einer hierarchisch-sozialen Ordnung, in der es um Unter- oder Überlegenheit geht. Für sie sind Gespräche Verhandlungen darüber, wer die Oberhand gewinnt und behalten wird. Um nicht herabgesetzt und herumgeschubst zu werden, müssen sie sich verteidigen.
  Das Leben ist ein Wettkampf, bei dem es um Bewahrung von Unabhängigkeit und die Vermeidung von Niederlagen geht.
	Frauen verbalisieren Bindung, Nähe und Intimität. Sie verstehen sich in einem Netzwerk zwischenmenschlicher Bindungen. Gespräche sind Verhandlungen über Nähe, bei denen Bestätigung und Unterstützung gegeben und empfangen werden sollen. Dabei suchen sie gezielt nach Übereinstimmungen. Frauen wollen sich davor schützen, von anderen weggestoßen zu werden.
	  Das Leben ist eine Gemeinschaft, ein Kampf um die Bewahrung der Intimität und die Vermeidung von Isolation.

Männer kommunizieren direkt. Sie sagen, was sie erreichen wollen (Ausnahmen: diplomatische Ebenen).	**Frauen kommunizieren eher indirekt.** Sie verpacken ihre Wünsche häufig in Fragen.
Männliche Zielstrebigkeit führt auch in der Kommunikation zum **»Tunnelblick«.** Das Ziel ist so stark fixiert, dass verschiedene Facetten am Wegesrand übersehen werden.	Der weibliche **»Panoramablick«** ist offen für alle möglichen Details. Dadurch ist Verzettelung und Überforderung der eigenen Person und anderer möglich.

Männer	Frauen
Mit dem Gedanken: »**Probleme sind dazu da, gelöst zu werden**«, gehen Männer Probleme an. Wenn die Partnerin den männlichen Drang, selbst eine Lösung finden zu wollen, zu früh stört, wird das männliche Ego gekränkt. »Sie glaubt wohl, ich kann das nicht alleine lösen!«	Frauen wollen **Probleme gemeinsam tragen.** Sie wollen Unterstützung geben und erhalten. Frauen thematisieren als Gesprächseinstieg auch Probleme. Wenn dann der Partner zu früh Lösungsangebote vorschlägt, fühlen sich die Frauen unverstanden.
Entscheidungen werden getroffen, wenn sie anstehen. Diskussionen oder zu viel darüber reden zu müssen, wird als hinderlich betrachtet.	Frauen bevorzugen **gemeinsam besprochene und getroffene Entscheidungen.** Alleinentscheidungen von Männern empfinden sie überfahrend und als einen Mangel an Wertschätzung.
Durch **Distanz** in der Partnerschaft erkennen Männer, wie wertvoll und wichtig ihnen die Partnerin ist.	Frauen suchen in der Beziehung **Gegenseitigkeit und Gemeinschaft.**
Männer verstehen Freiheit als **Freisein von Verpflichtung, Einengung, Verantwortung.**	Frauen verstehen Freiheit als **Autonomie und Unabhängigkeit.** Sie müssen nicht mehr darüber nachdenken, was *er* will!

Tabelle 2: Männliche und weibliche Kommunikation

Wesensmäßige Sexualität

Sexualität ist entweder männlich oder weiblich. *Die* Sexualität gibt es nicht. Über die typisch männlichen bzw. weiblichen Organe hinaus, bestimmt wesensmäßige Männlichkeit und Weiblichkeit mit.

Leider nehmen und geben sich die wenigsten Ehepartner die notwendige Zeit, Sexualität miteinander zu erlernen. Da der Sexualakt als »natürlich« eingestuft wird, geht man davon aus, dass dies alle können. Das stimmt in gewisser Weise auch. Der körperlich und psychisch gesunde Mensch kann die sich verändernde Sexualität bis ins hohe Alter entdecken und entfalten.

Allerdings treffen im sexuellen Geschehen männliche und weibliche Wesen und Organe aufeinander. Wenn dieses Aufeinandertreffen nicht von hoher Wertschätzung für Andersartigkeit geprägt ist, sind Missverständnisse und seelische Verletzungen vorprogrammiert. Der andere muss erst entdeckt werden. In der Kombination des Erkennens von Andersartigkeit und der Transparenz eigener Wünsche und Bedürfnisse kann Sexualität befriedigend und bereichernd sein.

In unserer Gesellschaft gibt es keinen Mangel an Informationen zur Sexualität. Ebenso werden wir mit exotisch-erotischen Darstellungen überhäuft. Es gibt eher ein (Über-)Angebot an Information. Und doch fühlen sich Eheleute mit ihren sexuellen Problemen alleingelassen. Das große Schweigen tritt ein und sexuelle Schwierigkeiten werden leidend ausgehalten. Eheleute wagen es nicht, dazu Gespräche zu suchen. Sie meinen, dann dumm dazustehen, denn eigentlich müssten sie doch aufgeklärt sein und ihr Sexualleben »im Griff« haben.

Mein Anliegen ist es, Frauen und Männer mit ihrer eigenen Sexualität und dem Unterschied zwischen weiblicher und männlicher Sexualität stärker vertraut zu machen. Dabei ist mir wichtig, dass Männer weibliche Sexualität und Frauen männliche Sexualität besser verstehen lernen. In der Eheberatung erlebe ich immer wieder, dass Männer wenig über weibliche Sexualität und Frauen ebenso wenig über männliche Sexualität und Körpervorgänge wissen. Daraus resultieren Missverständnisse und Verletzungen, die vermieden werden könnten.

Weibliche Sexualität: Ein Verbund von Körper und Sein

Verschiedene Studien von Frauen zwischen 20 und 30 Jahren zeigen einen Zusammenhang zwischen weiblichem Zyklus, Kleidungsstil und Ausgehverhalten. Bei einem nicht durch »die Pille« beeinflussten Zyklus entsteht in der Phase des Eisprungs bei den Frauen so etwas wie ein »Jagdfieber«. Frauen werden selbst aktiv bei der Kontaktaufnahme mit Männern. Aber sie geben männlicher Kontaktaufnahme auch eher nach, weil sie Männer in dieser Zeit »besser riechen« können.

Der kompliziert aufgebaute Hohlmuskel *Uterus* (dt.: Gebärmutter), in der Pubertät gewachsen und zur Beckenmitte hin gewandert, zeigt auch die Geschlechtsreife an. Mit ihr beginnt die sexuelle Erregbarkeit und der ca. 28 Tage dauernde Zyklus beginnt.

Die zyklischen und körperlichen Veränderungen betreffen den gesamten weiblichen Organismus und stehen in Wechselwirkung mit den emotionalen und sexuellen Reaktionen. In der Phase der Eireifung (also den ersten Tagen nach der Menstruation) haben viele Frauen keine Lust auf Sex. Während der danach folgenden fruchtbaren Tage ist sexuelle Bereitschaft, aber auch die allgemeine Leistungsfähigkeit, am höchsten. Die Scheide ist feuchter und der Körper empfängnisbereit. Nach einem kurzen Abfall der sexuellen Bereitschaft erlebt die Frau einige Tage vor der Menstruation einen zweiten sexuellen Gipfel, der sich jedoch qualitativ vom ersten unterscheidet. Während der Gipfel um den Eisprung herum eher in einer weichen Grundstimmung stattfindet, erleben sich die Frauen beim zweiten sexuellen Gipfel eher als wild, drängend bis grob. Einerseits hängen biologische Empfängnisbereitschaft und erhöhte sexuelle Ansprechbarkeit zusammen, andererseits wirkt sich der Kinderwunsch einer Frau aktivierend auf ihre sexuelle Bereitschaft aus.

Weiter äußerlich liegen die *Vagina* (dt.: Scheide) und die *Klitoris* (dt.: Kitzler). Die Vagina ist ein blind endender Kanal, der vom Scheideneingang in Richtung Kreuzbein zieht und in die *Portio* (dt.: Teil des Gebärmutterhalses) mündet. In der Vagina werden beim sexuellen Vollzug der Penis des Mannes und sein Sperma aufgenommen. Bei sexueller Erregung geben die Drüsen der Scheidenwand zur besseren Gleitfähigkeit einen klaren, dünnen Schleim ab.

Die Klitoris ist sehr gefäß- und nervenreich und daher auch sehr empfindlich. Bei sexueller Erregung schwillt sie an und kann einen Orgasmus auslösen. An drei weiteren Punkten in der Vagina ist die Orgasmusfähigkeit der Frau organisch angelegt. Orgasmen können durch eine Stimulierung des am Scheideneingang liegenden U-Punktes, des in der Nähe des Muttermundes liegenden A-Punktes oder durch eine Stimulierung des Gräfenberg-Punkt (auch G-Punkt genannt) ausgelöst werden. Von welchem Punkt der tatsächliche Orgasmus ausgelöst wird, entscheiden Mann und Frau beim Liebesspiel und nicht die Autoren, die weibliche Orgasmen in minderwertige (sprich: klitorale) oder reife (sprich: vaginale) Orgasmen einteilen wollen. Gut ist, was der Frau guttut, und das kann von Geschlechtsakt zu Geschlechtsakt auch schon mal unterschiedlich sein.

Die Freude einer Frau an Sexualität oder ihr Orgasmus sind nicht mit einer möglichen Schwangerschaft verknüpft. Die Frau hat auch keinen organisch-physiologischen »Druck«, Sex oder einen Orgasmus haben zu müssen. Dennoch ist gelingende Sexualität davon abhängig, ob eine Frau sich öffnen kann oder will.

Genauso wie der Uterus wachsen auch die Brüste einer Frau in der Pubertät unter dem Einfluss von Hormonen. Prämenstruell sind sie praller, spannen häufig und sind an der Brustwarze und am Warzenhof besonders berührungsempfindlich. Bei sexueller Erregung vergrößert sich die Brust durch ihre stärkere Durchblutung. Die Brustwarzen stellen sich auf.

Frauen knüpfen ihr Körperbild, d. h. ihre Identität, ihr Selbstwertgefühl und ihre Erotik an die weibliche Brust. Die Vorstellungen vom eigenen Körperbild scheinen einen direkten Einfluss auf den Wunsch nach sexueller Aktivität und die Frequenz des Geschlechtsverkehrs zu haben. Wer mit dem Körperbild zufrieden ist, empfindet sich attraktiv. Frauen wissen sich angenommen, wenn ihr Ehemann ihr Körperbild angenommen hat. Dann können sie sich in der Beziehung fallen lassen.

Weibliche Brüste gelten allgemein als erotisierend.[15] Der Reiz einer weiblichen Brust liegt in ihrem Unterschied zur männlichen. Für gelingende Sexualität ist sie nicht notwendig. Da sie auf sexuelle Erregung reagiert, trägt sie zur Luststeigerung der Frau (und des Mannes) bei.

Die Einheit und Ganzheitlichkeit der Liebe kann für die verheiratete Frau durch Sexualität vervollständigt werden. In ihr drückt sich Zueinandergehören, intime Gemeinschaft und Bestätigung aus. Dabei muss eine Basis von Vertrauen, Sicherheit und Liebe vorausgesetzt sein. Dann werden sich Frauen im Sexualakt liebend öffnen können. Weibliche Hingabe ist normalerweise psychisch und physisch. Dadurch machen sie sich gleichzeitig existenziell verletzbar.

Männliche Sexualität ist anders

Natürlich ist auch die männliche Sexualität mit der Anatomie und Physiologie des Mannes verbunden. Die auffälligsten männlichen Geschlechtsmerkmale sind *Penis* (dt.: männliches Glied) und *Skrotum* (dt.: Hodensack), das die Hoden enthält.

Der größte Teil des Penis ist mit zwei Schwellkörpern ausgefüllt. Diese sind von widerstandsfähigem Bindegewebe und einer stark dehnbaren Haut umgeben. Bei einem gesunden Mann füllen sich die Schwellkörper bei sexueller Erregung mit Blut und der venöse Blutabfluss wird dadurch gleichzeitig behindert. Der Penis dehnt sich aus, wird prall und versteift sich – eine Erektion entsteht.

Die Eichel an der Spitze des Penis ist die wohl empfindlichste Stelle bei den meisten Männern. Ein Höchstmaß an Lust entsteht, wenn die Eichel mit in die Stimulation eingeschlossen ist. Aber auch durch den Hodensack ist Stimulation möglich. Diese sollte liebevoll, vorsichtig geschehen, denn am Hodensack liegen Lust und Schmerz nah beieinander. Während des Liebesspiels verdickt sich die Hodensackhaut und zieht sich dabei zusammen. Gleichzeitig schwellen die Hoden an.

Mit der sexuellen Stimulation beginnt die sexuelle Reaktion. Neben der Berührung kann dies auf ganz verschiedenen Wegen geschehen. So kann auch ein Geruch oder ein Anblick, ein Gedanke oder eine Phantasie erotisierend wirken. Eine physiologische Veränderung setzt dann ein, wenn der Mann zu einem sexuellen Erlebnis bereit ist. Beim jungen Mann tritt die volle Erektion häufig unverzüglich ein, bei einem älteren Mann dauert die Versteifung des Gliedes gewöhnlich etwas länger. Beides ist vollkommen normal. Das betrifft auch die unterschiedlich starke Erektion während des Liebesspiels. Ebenso unterschiedlich und individuell ist die konkrete sexuelle Reaktion des einzelnen Mannes. Eine innere Festlegung auf ein bestimmtes Muster ist dabei eher schädlich. Richtig ist, was für den jeweiligen Mann richtig ist.

Eine Erektion kann bedeutet, dass der betreffende Mann Sex haben will, aber sie kann genauso gut nichts dergleichen heißen. Erektionen können auch mehrmals in der Nacht beim Schlafen auftreten, bei starker Konzentration und in verschiedenen anderen Situationen. Allerdings ist eine Erektion für Vaginalverkehr notwendig, da erst die Erektion das Eindringen des Mannes in die Vagina der Frau ermöglicht.

Oft wird die männliche Erektionsfähigkeit laienhaft als Manneskraft oder *Potenz* (dt.: Kraft, Vermögen, Fähigkeit) bezeichnet. Damit geht eine Atmosphäre von Männlichkeit und Stärke einher, die über den eigentlichen körperlichen Vorgang hinausgeht, die aber Männer wie Frauen prägt. Ein Mann ohne körperliche Potenz fühlt sich schnell ohne Kraft und Stärke. Männer können dabei auch an ihrem eigenen Bild von Potenzfähigkeit scheitern. Diese Gefahr besteht besonders dann, wenn sich Wunsch und Realität voneinander unterscheiden.

Eine weitere Gefahr für das männliche Selbstwertgefühl geht vom »Penisneid« aus. Siegmund Freud schrieb vom »Penisneid«, als er ausdrücken wollte, dass Frauen Männer um deren Penis beneiden. Wenn sich auch einzelne Frauen wünschen, als Mann geboren zu sein, so ist Penisneid dennoch ein männliches Problem. Männer vergleichen ihren Penis mit Gewaltigem, Stahlhartem und wünschen sich, das eigene Organ sei ebenso beschaffen. Hinzu kommen Vergleiche mit der Penisgröße anderer Männer. Diesen fehlt zwar häufig der reale Bezug, da die Vergleiche vorwiegend in der Phantasie stattfinden – dennoch, der Einfluss der Phantasie ist stark. Viele Männer denken auch, Frauen würden durch einen größeren Penis stärker erregt. Minderwertigkeitsgefühle entstehen.

Üblicherweise wird unter einem männlichen Orgasmus eine Zusammenfassung von Orgasmus und Ejakulation verstanden. Zum besseren Verständnis ist es sinnvoll, sie zu unterscheiden. Der Orgasmus beschreibt die Gefühlslage auf dem Höhepunkt beim sexuellen Vollzug. Die Ejakulation beschreibt den physiologischen Teil – den Ausstoß von Flüssigkeit. Ein Mann kann einen Orgasmus haben ohne zu ejakulieren oder ohne Orgasmus ejakulieren (viele junge Männer erleben im nächtlichen Schlaf einen Samenerguss). Beides ist möglich und kein Indiz für eine Erkrankung des Körpers oder der Seele.

Die im Hoden gebildeten Spermien füllen die Samenblase innerhalb von ca. 70 Stunden nach deren letzter Entleerung. Daher entsteht in Männern ein körperlich wahrzunehmender leichter Druck. Wenn die Samenblase nicht durch eine Ejakulation entleert wird, werden die Samenfäden vom Körper wieder resorbiert (aufgenommen). Das ist vergleichbar mit den unbemerkbaren, aber normalen Vorgängen unseres Körpers, wie es z. B. auch bei dem Abbau von Bestandteilen des Blutes geschieht.

Ebenso wie die Samenfäden können auch alle körperlichen Veränderungen der Erregung zurückgebildet werden. Mit einem Orgasmus ist der Vorgang schneller abgeschlossen, ohne einen Orgasmus dauert die Rückbildung länger und ist manchmal auch für den Mann körperlich wahrnehmbar.

Durch die Gleichmäßigkeit des männlichen Hormonspiegels erleben Männer keine hormonell ausgelösten Schwankungen ihrer Psyche, ihrer sexuellen Ansprechbarkeit oder ihrer körperlichen Erregungsfähigkeit.

Männer leben ihre Sexualität, wie es ihrem Wesen entspricht: zielorientiert und sich auf das Wesentliche ausrichtend. Dabei blenden sie alles aus, was nicht dazugehört. Sexuelle Lust und die Bereitschaft zum sexuellen Akt sind nicht zwingend an eine bestimmte Atmosphäre gebunden. Männer können die Liebe und das Liebesspiel eher getrennt voneinander betrachten und ausleben, als dies für Frauen möglich ist.

Wenn Unterschiede zwischen den Geschlechtern herausgearbeitet werden, birgt dies immer die Gefahr von nicht zulässigen geschlechtsspezifischen Festlegungen bei den erwarteten Begabungen, Möglichkeiten oder Rollen. Die Unterschiedlichkeit von Männern und Frauen darf keinen Einfluss darauf haben, *was* ein Mann oder eine Frau tun oder lassen soll – auch nicht in der Ehe. Aber sie wird Einfluss darauf haben, *wie* ein Mann oder eine Frau etwas angeht und umsetzt.

Die Unterschiede aus dem Mann- und Frausein werden durch verschiedene Persönlichkeitstypen mit dem daraus resultierenden unterschiedlichen Verhalten verändert und erweitert.

2. Unterschiedliches Verhalten bei Menschen

Unterschiedliche wissenschaftliche und populärwissenschaftliche Ausarbeitungen helfen durch ihre Beschreibungen, Menschen besser zu verstehen. Sie sind keine Einladung zu einem Schubladendenken – einer Festlegung des anderen. Aber die Modelle helfen, sich selbst und andere besser zu verstehen. Wer sich selbst und andere besser versteht, kann auch besser mit sich selbst umgehen und angemessen auf andere reagieren.

In der folgenden Darstellung beziehe ich mich im Wesentlichen auf das Vokabular des persolog® Verhaltens-Profils.[16] Es ist leicht zu erfassen und kann von jedem erwachsenen Menschen, unabhängig von der aktuellen psychischen Stabilität und Befindlichkeit, angewandt werden.

Menschen mit *dominantem* Verhalten sind direkt, stark, schnell und mehr auf Zielerreichung ausgerichtet als auf Gesprächigkeit. Dabei vertrauen sie sich selbst am meisten und nutzen ihr hohes Lebens- und Arbeitstempo, um möglichst viele Ziele möglichst gleichzeitig zu erreichen.

Sich *initiativ* verhaltende Menschen treten beeinflussend auf und fühlen sich stärker als ihr Umfeld. Sie sind gerne mit vielen anderen Menschen zusammen und man kann den Eindruck bekommen, sie seien immer in Partylaune. Ihre Spritzigkeit nutzen sie, um ständig neue Kontakte herzustellen. Normalerweise haben sie ein großes Netzwerk. Sie lieben Freiraum für sich und ihre Gedanken.

Menschen mit *stetigem* Verhalten sind bedachtsam und beständig. Sie mögen gerne mit Menschen zusammen sein und erleben ihre Umgebung freundlich-zugewandt. Sie bauen normalerweise sehr enge Freundschaften auf, die langfristig ausgerichtet sind. Wenn sie sich mit ihrem Umfeld vergleichen, empfinden sie sich schwächer als andere.

Das Verhalten *gewissenhafter* Menschen ist stark auf die jeweilige Aufgabe ausgerichtet. »Ich möchte mich ständig verbessern!« So könnte man ihr Motto zusammenfassen. Um konzentriert arbeiten zu können, bevorzugen sie es, alleine zu arbeiten. Das schützt sie auch vor den Fehlern anderer Menschen. Sie wollen sich mit einem wichtigen und perfekten Beitrag einbringen.

Die folgende Tabelle zeigt in einem Überblick, wie sich verhaltenstypisch Ziele, Stärken und Vorlieben unterscheiden. Unterschiedlichkeit will ausgelebt, gefordert und gefördert werden. Um sich gut entfalten zu können, braucht jeder eine andere Umgebung und Motivation.

Ein Überblick

	DOMINANT	INITIATIV
Vorliebe	Leistung	Anerkennung, Freiheit
Ziel	Ergebnis	andere überzeugen
Stärke	zielorientierte Problemlöser	begeistern u. gewinnen Menschen
Umgebung	Umfeld formen, Widerstand überwinden	Umfeld formen, andere einbinden
Motivation	Unabhängigkeit	Akzeptanz

	GEWISSENHAFT	STETIG
Vorliebe	Dinge durchdenken und bewerten, sich verbessern	Beziehung
Ziel	Plan, Analyse	Zusammensein und -arbeit stärken
Stärke	logisch, selbstdiszipliniert, ausdauernd	geduldig und zuverlässig
Umgebung	Umfeld hinterfragen, Konsequenzen bedenken	Umfeld stabilisieren, mit anderen zusammen sein und mit ihnen arbeiten
Motivation	Dinge richtig machen	Sicherheit, Nähe

Tabelle 3: DISG im Überblick

Helena und Karl sind seit 35 Jahren verheiratet und sehr unterschiedlich. Karl ist ein freundlicher, anpassungsfähiger Mann, der sich leicht in eine Gruppe integrieren lässt, sich willig einsetzt und dem Harmonie sehr wichtig ist. Helena ist kantig. Sie ist schnell, selbstbewusst, extrovertiert, laut und überaus eigenständig. Wer sie für eine Sache gewinnen will, muss auch mit einem »Nein« rechnen. Durch eine überraschende Gelegenheit bekam ich einen tiefen Einblick in ihre lebendige und glückliche Beziehung. Ich bin erstaunt, erfreut und ermutigt.

Persönlichkeit und Stressoren

Wer sich verliebt, sucht – und findet – im anderen immer etwas Bekanntes und etwas Unbekanntes. Das gilt auch für Unterschiede in der Persönlichkeit. Allerdings können diese Unterschiede in der Länge einer Ehebeziehung zu immer größeren Schwierigkeiten führen. Die Last der Andersartigkeit wiegt je länger, je mehr. Wenn der Partner dabei auch auslebt, was den eigenen Werten widerspricht oder was man ablehnt, dann scheint das Maß des Verkraftbaren irgendwann übervoll zu sein. Was man in der ersten Verliebtheit meinte, aushalten zu können, wird dann zur Zerreißprobe.

Stress in der Beziehung löst den jedem Verhaltenstyp typischen Stress aus. Menschen mit dominantem Verhalten werden gestresst sein, wenn sie die Kontrolle über ihr Umfeld verlieren und wenn ihre persönlichen Ziele bedroht sind. Verbindliche Zeitvorgaben stressen Menschen mit initiativem Verhalten. Sie mögen es nicht, wenn andere ihnen Druck machen und sie das Gefühl bekommen, sie könnten ihr soziales Ansehen verlieren. Stress entsteht bei Menschen mit stetigem Verhalten, wenn sie zu häufig spontan und daher unüberlegt auf unerwartete Ereignisse reagieren sollen und wenn sich andere in ihr Tätigkeitsfeld einmischen, um permanente Veränderung zu initiieren. Nicht planbare und damit unüberlegte Veränderungen stressen Menschen mit gewissenhaftem Verhalten ebenso wie die Kritik an ihrer Arbeit.

Typische Befürchtungen

Wenn der Stress zu stark wird, werden typische Befürchtungen und Ängste wach.

	Befürchtung
DOMINANT	Verlust von Kontrolle, Ausnutzung, hohe Nähe-erwartung
INITIATIV	soziale Ablehnung, Kritik an der Person, Zwang, Festlegung
STETIG	zu viel Distanz, Verlust von Sicherheit und Stabilität, Disharmonie
GEWISSENHAFT	Kritik an der Arbeit, Fehlen von Normen, Chaos, unkalkulierbares Risiko, viele Fehler

Tabelle 4: Durch Stress ausgelöste Befürchtungen und Ängste der DISG-Verhaltenstypen

Wenn sich die Ehekrise verschärft, werden beide Partner immer mehr aus ihrer Angst heraus agieren. Das wiederum verstärkt die Krise.

Als sich Nicola und Benjamin kennen lernten, war er fasziniert von ihrer ruhigen, bedächtigen Art. Nicola hingegen ließ sich gerne von seiner ansteckenden positiven Lebenseinstellung mitreißen. Inzwischen sind einige Jahre vergangen. Das Ehepaar hat drei Kinder. Benjamin genießt die Beziehungen zu einem großen Freundeskreis, mit dem er viel und gerne Unternehmungen durchführt. Allerdings ist er immer öfter alleine mit den gemeinsamen Freunden unterwegs. Sie nehmen ihn, wenn auch liebevoll, schon damit auf den Arm. Benjamin drängt Nicola mitzukommen. Aber je mehr er sie drängt, umso stärker argumentiert sie mit den Verpflichtungen den Kindern gegenüber oder der nicht vollständig erledigten Hausarbeit. Nicola sieht sich auch in der Pflicht, den alternden Eltern beizustehen. »Wenn alle das Leben so leichtnehmen wie Benjamin, dann haben wir bald ein Chaos.«

Typenspezifischer Umgang mit stressigen Situationen
Jeder Verhaltensstil wird in stressigen Situationen zuerst seine jeweilige Stärke überziehen. Der Mensch mit dominantem Ver-

halten wird von seiner typischerweise direkten und sachlichen Kommunikation zu klaren Ansagen übergehen, die andere oft wie Befehle erleben. Seine Kommunikation wird auf Information reduziert und Verursacher der Stresssituation werden konfrontiert.

Menschen mit initiativem Verhalten reden gerne und sind emotional. In stressigen Momenten werden sie reden, reden und noch mehr reden. Aber sie werden auch ihre eigenen Ideen ohne die Zustimmung des Ehepartners verwirklichen, indem sie nach ihren eigenen Überzeugungen handeln. Wenn sie konfrontiert werden, reden sie sich heraus und weisen anderen die Schuld zu.

Normalerweise sind Menschen mit stetigem Verhalten gut in gegenseitiger Kommunikation. Sie reden einfühlsam und hören ebenso zu. In einer Konfliktsituation werden sie dazu übergehen, mehr als üblich zu harmonisieren. Aber das geschieht oft nur äußerlich. Innerlich grollen sie und gehen in passiven Widerstand, sie vergessen, sie übersehen, sie verschlafen usw. Damit verstärken sie den Druck auf den Ehepartner. Diese passive Aggressivität verschlimmert die Situation subtil.

Eine gelungene Analyse der Kommunikation zeigen Menschen mit gewissenhaftem Verhalten. Sie stellen normalerweise viele Fragen. In einer Krisenphase werden sie anderen mit ihren bohrenden »Warum?« und »Was ist, wenn …?«-Fragen auf den Wecker gehen. Sie werden immer stärker hinterfragen und dabei Kritik immer persönlicher nehmen. Sie fühlen sich ohnmächtig, alleine gelassen und werden hoffnungslos. Weil sie »Gedächtnismeister« sind, erinnern sie sich an viele verschiedene Situationen, Erlebnisse und Verhaltensweisen aus der Vergangenheit. In einer Stresssituation holen sie diese wieder hervor und können anderen alle Fehler der Vergangenheit vorhalten.

Die meisten Menschen zeigen in verschiedenen Situationen unterschiedliche Verhaltensmuster. Das Verhalten im Persönlichkeits-Modell (D-I-S-G) wird immer in einer Kombination von Mustern beschrieben, weil die meisten Menschen eine Kombination von Mustern ausleben werden. Das macht es schwieriger, den anderen zu verstehen. Wenn Sie anderen Menschen und deren Verhalten empfängerorientiert begegnen wollen, dann ist es hilfreich, wenn Sie sich vertiefend mit diesem Modell auseinandersetzen. Mit der Zeit werden Sie spontan und angemessen auf das Verhalten anderer reagieren können.

3. Einfluss von Geschwisterpositionen auf die Ehe

Unsere Vergangenheit ist immer dabei – im Beruf, beim Hobby, in der Ehe und im Ehebett. Vererbung und soziale Umwelt sind Baumaterial für unsere eigene Deutung des Lebens. Folglich sind niemals kindliche Erlebnisse an sich Ursachen für Erfolg oder Misserfolg. Der Mensch tut aus der Erfahrung der Vergangenheit heraus das, was seinem (oft unbewussten) Ziel dient.

Ein prägendes Merkmal ist die Familienkonstellation.[17] Soziale Beziehungen erlebt der Mensch als Erstes in seiner Familie. Was er dort erlebt, wird er kreativ deuten und immer mehr zu seiner ganz »persönlichen Logik« ausbilden. Diese wird dann für ihn zur »Wahrheit«. Die persönliche Deutung des Lebens hat mit den automatisierten Gedanken und Handlungen Einfluss bis ins Hier und Jetzt. Alles wird im Sinne persönlicher Erfahrungen, Einschätzungen, Beurteilungen und Empfindungen gedeutet.

So sind Werte, Glauben, konkurrierendes Vergleichen, Vertrauen, Misstrauen u. a. die Quintessenz der in der Ursprungsfamilie gewonnenen Einstellungen. Eine Analyse der Ursprungsfamilie kann daher die gegenwärtigen Motive, Verhaltensmuster und Ziele aufzeigen. Dabei werden auch die gegenwärtigen Fehldeutungen, irrigen Ansichten, Lebenserwartungen, Barrieren und Konfliktquellen sichtbar. Nach den erworbenen Mustern erklärt und deutet der Mensch auch die Beziehungen, die er heute hat.

In den Geschwisterpositionen gibt es immer Ähnlichkeiten, aber keine Dubletten. Im späteren Leben dominiert die Geschwisterrolle, die ein Mensch früh im Leben eingenommen hat. Diese wird meist beibehalten. So haben ältere Geschwister meistens stärkeren Einfluss auf die jüngeren als umgekehrt.

Die Erfahrungen der Vergangenheit fließen auch in jede Ehe mit ein. Erlebnisse und deren Bewertung werden in jede Paarbeziehung übertragen. Durch die Beschäftigung mit der Geschwisterkonstellation können Missverständnisse, Verletzungen, Konflikte u. v. a. m. in der Ehe verstanden und bearbeitet werden. Vielleicht gelingt es auch, sie abzulegen.

Erstgeborene

Das erste Kind ist in der Familie durch den Rang seiner Geburt hervorgehoben. »Das ist unser Ältester!« – »Janina ist unsere Älteste!«, so ähnlich stellen Eltern ihre ältesten Kinder vor. Ein Wermutstropfen für das Kind ist dabei, dass es nur dann ein ältestes Kind ist, weil es durch die Geburt eines zweiten Kindes dazu wurde. Die dadurch erlebte Entthronisierung macht ihm häufig zu schaffen. Auch später im Leben streben älteste Kinder häufig danach, ihren Platz zu verteidigen und versuchen, weitere Entthronisierungen vorzubeugen.

Sie identifizieren sich meist mit den Eltern und werden dadurch zu einem Schrittmacher für die Geschwister. Sie sind häufig traditionsgebunden und perfektionistisch und bewerten Regeln und Gesetze eher zu stark. Mit Pflichtbewusstsein und hohem Verantwortungsgefühl streben sie danach, andere zu schützen und ihnen zu helfen. Älteste erkennen die Bedeutung von Macht und Autorität früh. Sie wissen häufig nur zu genau, was andere zu tun hätten. Selbst erleben sie sich als wertvoll, wenn sie Leistung erbracht haben. Darum, und wegen ihrer hohen perfektionistischen Anteile in der Persönlichkeit, arbeiten sie lieber, als Spaß und Freizeit zu haben.

Zweite Kinder

Das zweite Kind einer Familie steht von Anfang an unter Druck, weil das erste Kind sein Vorbild ist, dem es nacheifern will. Gleichzeitig rebelliert es gegen dessen Vorgaben. Ihr Mangel an Anpassungsfähigkeit ist dann ein Gewinn, wenn zweite Kinder Entdecker und Bahnbrecher werden. Die Lebenshaltung: »Es gibt keine Macht, die man nicht stürzen kann!«, bleibt dem erwachsenen Zweitgeborenen häufig erhalten.

Zweitgeborene versuchen beständig, sich über die Autorität des Älteren hinwegzusetzen und lehnen dessen Sitten und Gebräuche ab. Zweite wollen das Erste erreichen, aber dieses Lebensziel ist von der Angst begleitet, es nicht schaffen zu können.

Das zweite Kind lernt früh, mit Enttäuschungen zu leben. Andere sind besser, weiter, schneller. Dadurch entsteht auch ein Gefühl von Minderwertigkeit. Durch früh eingeübtes Kooperationstraining entwickeln sich zweite Kinder später meistens zu guten Freunden und Begleitern.

Manuel hatte eine ältere Schwester. Mit Dorothee verstand er sich auf Anhieb. Sie hatte jüngere Brüder. Heute ist Manuel in der mittleren Hierarchieebene eines Unternehmens angestellt und Dorothee leitet eine Intensivstation im örtlichen Krankenhaus. Obwohl sie die Arbeiten im Haushalt nach Vorlieben und Begabung gleichmäßig aufgeteilt haben, greift jeder in den Zuständigkeitsbereich des anderen ein. In der letzten Zeit haben sie daher immer wieder Ehekonflikte. Manuel fühlt sich von Dorothee bevormundet. »Sie weiß immer, was und wie ich etwas zu tun hätte.« Dorothee fühlt sich angegriffen, weil Manuel sie in Frage stellt. »Immer will er es besser wissen!«

Das dritte Kind

Erst durch die Geburt des vierten Kindes gibt es ein echtes drittes Kind (bisher war es das jüngste). Jetzt ist es ein Kind in der Mitte und erst einmal verunsichert. Welchen Platz kann und darf es in der Familie einnehmen? Das dritte Kind erlebt sich dann wie verloren und vergessen. Es ist noch nicht groß bzw. alt genug, um mit den beiden älteren Geschwistern mitzuhalten, aber der Schoß der Mutter ist wieder neu besetzt.

Es glaubt, die Aufmerksamkeit der Eltern verloren zu haben und nirgendwo dazuzugehören. Es fühlt sich zwar als ein Teil der Familie, aber doch auch abgelehnt, zurückgestoßen und vernachlässigt. So kann sich der Gedanke: »Ich komme zu kurz« festsetzen. Außerhalb der Familie engagiert und integriert es sich willig. Dabei trainiert es seine Teamfähigkeit und wird zum »Außenminister« der Familie.

Das dritte Kind liebt und lebt Gemeinschaft, Beziehungen und Freundschaft, ist aber den Menschen gegenüber doch misstrauisch. Als erwachsene Drittgeborene suchen sie den Platz in der »Mitte des Lebens«. Auf Ungerechtigkeit reagieren sie mit hoher Sensibilität. Ihre hohen Ziele und Ideale wollen sie erreichen und möglichst allen gegenüber fair sein. Dass sie ihre sehr hohen Erwartungen nicht erfüllen können, erkennen sie selbst nicht immer. Drittgeborene leben stärker mit der Realität des Todes als andere, wobei sie dabei nicht in einer Depression versinken.

Kinder in der Mitte

In jeder Familie wird es nur ein ältestes und ein jüngstes Kind geben. Die markanten Rollen sind besetzt. Kinder in der Mitte erleben das familiäre Zusammenleben häufig als eine Vielfalt mit Brüdern und Schwestern und folglich nehmen sie mit dieser Geschwisterposition keine so ausgeprägte Stellung unter ihren Geschwistern ein. Das Kind wird dabei für jede Art von Beziehungen zu älteren und jüngeren Menschen beiderlei Geschlechts vorbereitet. Das hat positive Auswirkungen in einer Paarbeziehung.

Durch das Gefühl, im Familienverband eher übergangen oder ausgeschlossen zu sein, kommen sie schnell zu der Überzeugung, überflüssig zu sein. »Auf mich kann man am ehesten verzichten.« Mittlere Kinder drängen oft früher als andere

Geschwister aus ihrem Familienverband heraus. Wenn es in einer Ehekrise zu einer Wiederholung der bekannten Gefühle kommt, werden ähnliche Schlüsse und Konsequenzen gezogen. Das mittlere Kind wird dann eher hoffnungslos und entmutigt gehen, als für die Beziehung zu kämpfen.

Nesthäkchen

Das jüngste Kind liebt Spiel und Spaß. Als einziges Kind in einer Geschwisterfolge erlebt es keine Entthronisierung. Dafür leidet es unter den vielen (Mit-)Erziehern. Da andere ihnen häufig Verantwortung abnehmen, fällt es ihnen auch später im Leben schwer, Verantwortung zu übernehmen.

Jüngste wollen von der ganzen Familie geliebt und geschätzt werden. Sie müssen sich gleich nach der Geburt in einem Beziehungsnetz von älteren Geschwistern und Eltern zurechtfinden. Daher fällt es ihnen auch später leicht, Beziehungen zu knüpfen.

Jüngste setzen sich mit »Weinen« durch. So bekommen sie Aufmerksamkeit und ihren Willen. Als Erwachsene neigen sie dazu, zu viel zu reden. Sie sind häufig spontan und kreativ mit einem hohen Bedürfnis nach Freunden und Gemeinschaft. Sie lehnen sich in der Familie, aber auch bei Freunden, bereitwillig an. Sie arbeiten gerne, solange die Arbeit einen »Funfaktor« enthält. Das Bedürfnis, ernst genommen zu werden, und der gleichzeitig hohe Wunsch nach Spaß reißt jüngste Kinder hin und her. Dennoch sind sie oft die Überflieger aus der Geschwisterschar.

Beate, eine jüngste Tochter, ist mit Hans, einem jüngsten Sohn, verheiratet. Beide hatten immer viel Spaß miteinander. Sie konnten miteinander reden, lachen und fröhlich sein. Sie haben viele Freunde. Durch die Arbeitslosigkeit von Hans sind sie nun in eine finanzielle Krise gerutscht. Optimistisch erklärten sie allen: »Das wird schon wieder!« Inzwischen ist der Schuldenberg unübersichtlich und enorm gewachsen. Ein Freund schlug ihnen vor, einen Finanzplan zu erstellen. Das könnte einen Überblick verschaffen. *Beate und Hans finden diese Idee genial. Aber keiner nimmt den Stift in die Hand und macht einen Plan. Beide sind enttäuscht vom Anderen, der nicht macht, was gut wäre. Immer öfter streiten sie darüber, wer verantwortlich dafür ist.*

Einzelkinder

Das Einzelkind fühlt sich in seiner Ursprungsfamilie wie ein Zwerg unter Riesen und lebt beständig mit dem Wunsch, die »Riesen« erreichen zu können. Das motiviert auch später noch zu großen Leistungen. Dabei perfektioniert es seinen Perfektionismus. Es ist darauf viel stärker fixiert als das älteste Kind. Es will den hohen Ansprüchen, die es aus dem Verhalten seiner Umgebung ableitet, genügen! Aber es leidet auch darunter. Gleichzeitig will es mit seiner Perfektion seine Einzigartigkeit erhalten. »Nur wenn ich spitze bin, bin ich richtig!«

Einerseits hat es Furcht davor, dass Geschwister geboren werden könnten, andererseits sehnt es sich danach. Einem Einzelkind ist es in seiner Familie nicht möglich, gleichwertige zwischenmenschliche Beziehungen zu Gleichaltrigen zu erproben. Sein Gefühlsleben ist in Bezug auf Gleichaltrige eher ungeübt und verunsichert. Auch später haben Einzelkinder weniger Beziehungen zu Gleichaltrigen als andere. Allerdings können sie gut mit älteren Menschen umgehen.

Die in den ersten Jahren ausgeprägte Mutterbeziehung führen sie entweder fort, indem sie extrem abhängig von ihr werden, oder sie distanzieren sich deutlich und werden sichtbar unabhängig. Einzelkinder lernen früh, wie sie andere in ihren Dienst stellen können, weil sich alle elterliche Verwöhnung auf ein Kind konzentriert. Das macht aus Einzelkindern eher schwache »Geber«, aber gute »Empfänger«.

Bekommen Einzelkinder Anerkennung und Wertschätzung ohne Leistungseinsatz in einer Gemeinschaft, wird ihnen das einerseits unendlich guttun, andererseits werden sie das positiv Entgegengebrachte nur schwer annehmen können und immer wieder nach den daran geknüpften Erwartungen fragen.

Während dritte und jüngste Kinder besonders gerne in Gemeinschaft leben, wird das erwachsene Einzelkind nur ein sehr begrenztes Maß an Gemeinschaft aushalten können. Das hat Einfluss auf die Paarbeziehung.

Damaris, ein Einzelkind, verliebt sich in Peter, einen Drittgeborenen. Peter mochte es gerne, dass Damaris nur mit ihm zusammen sein wollte. Damaris liebte die Unkompliziertheit in Peters Familie. Sie konnte einfach da sein und keiner trug Erwartungen an sie heran. Inzwischen ist das Familiennetzwerk von Peter deutlich gewachsen. Alle seine Geschwister sind verheiratet und haben Kinder. Damaris wurde das schnell zu viel. Peter versteht das nicht. In Peters großem Bekanntenkreis wird viel und gerne gefeiert. Damaris meint, alle erwarten, dass sie immer dabei ist, dass sie sich jedes Mal bei der Vorbereitung des Essens engagiert und das alles auch noch gerne machen soll. Sie will die vermuteten Erwartungen erfüllen, aber inzwischen löst jedes Fest eine Ehekrise aus. Damaris fühlt sich völlig überfordert.

Wer die Verschiedenheit von Menschen erkennt und annimmt, hat eine gute Basis für neue Ressourcen. Einerseits kann man voneinander lernen, anderseits kann man sich gegenseitig ergänzen und in der Partnerschaft zu einem starken Team werden. Jetzt gilt es, Andersartigkeit zu gestalten. Dann wird sie zur Chance statt zur Falle.

III. | Was nun? Was tun? – Tipps und weiterführende Literatur

Nicht jede Ehekrise braucht eine Therapie! Mit ihren Alltagsschwierigkeiten und -krisen können Ehepartner auch allein zurechtkommen. Dafür ist eine Atmosphäre des Respekts, der Wertschätzung und Annahme nötig, aber auch eine gute Kommunikation und Konfliktlösungsstrategie in Wort und Tat. Wenn Worte und Taten im Einklang miteinander sind, kann eine tragfähige Beziehung gestaltet werden.

Bei einer kleinen Ehekrise helfen Gespräche mit Freunden, dem Pfarrer oder Pastor, ein gemeinsam gelesenes Buch zu Ehethemen, ein Eheseminar oder ein kurzes beratendes Gespräch mit einer Fachperson. Wenn sich eine handfeste Krise herausgebildet hat, wird qualifizierte Beratung nötig sein.

Die Schwierigkeit für Eheleute liegt darin zu unterscheiden, welcher Weg in der jeweiligen Situation sinnvoll ist. Es soll nicht mit Kanonen auf Spatzen geschossen werden, aber in einem Elefanten eine Ameise sehen zu wollen, ist genauso wenig hilfreich. Im ersten Teil dieses Kapitels finden Sie Hilfen zur Selbsthilfe. Wenn Sie diese Hilfen in Ihre Ehe nicht (mehr) einbringen oder darüber gar nicht miteinander reden können, dann sollten Sie dringend außerhalb Ihrer Ehe (möglichst qualifizierte) Beratung suchen. Zuvor sollten Sie allerdings »Ein Wort an Männer« (S. 71) oder »Ein Wort an Frauen« (S. 72) lesen.

Sehr häufig sehen Paare in der Beziehungskrise eine Scheidung als einzige Lösung ihrer Probleme an. Eine Scheidung ist selten eine Lösung, denn jeder nimmt sich selbst in eine neue Beziehung mit. Die Wahrscheinlichkeit, in der nächsten Ehe wieder zu scheitern, nimmt zu und nicht, wie viele hoffen, ab.

1. Aktiv für die Ehe sorgen

Ehepaare, die vorhandene Probleme in der Partnerschaft bewältigen, sind langfristig zufrieden. Die im Folgenden beschriebenen Ideen können dazu beitragen, dass Sie Ihren Gestaltungsspielraum in der Ehe erweitern.

Einfluss der inneren Haltung
Ehe – ein unendliches Spiel?
(Beitrag von Volker Kessler)

Ein interessanter Blick auf die Ehe ergibt sich, wenn man sich Ehe aus dem Blickwinkel der so genannten »Spieltheorie« anschaut. Die Spieltheorie ist ein Gebiet innerhalb der Mathematik und den Wirtschaftswissenschaften mit Anwendungen in Verhandlungsführung und Konfliktmanagement. Man unterscheidet dabei »endliche Spiele« und »unendliche Spiele«. Ein endliches Spiel hat ein fest definiertes Ende, zum Beispiel durch die Zeitangabe (90 Minuten beim Fußball) oder einen zu erreichenden Punktestand (z. B. bei Volleyball, Tischtennis). Das Ziel eines endlichen Spiels ist, dass eine Partei innerhalb dieses Rahmens mehr Punkte erreicht als die andere Partei. Ein unendliches Spiel dagegen hat kein solch vorher definiertes Ende. Das Ziel ist, das Spiel möglichst *lange* zu spielen. Federball kann ein solch unendliches Spiel sein, wenn zwei Personen sich gegenseitig den Ball zuspielen und den Ball möglichst lange oben lassen wollen.

Die angemessene Spielweise ist nun abhängig davon, ob man in einem endlichen oder in einem unendlichen Spiel ist. In einem endlichen Spiel versucht man die andere Partei auszutricksen. Man spielt aggressiv, damit der andere möglichst nicht an den Ball kommt. Ich mache es dem anderen schwer. Wenn der andere einen Fehler macht, werde ich diesen möglichst ausnutzen. Beim Volleyball werde ich einen Ball nur dann im Aus annehmen, wenn er von der eigenen Partei gespielt wurde, nicht, wenn er von der anderen Partei kam.

Bei einem unendlichen Spiel werde ich den anderen so anspielen, dass er möglichst gut an den Ball kommt. Ich mache es ihm leicht. Wenn er einen Fehler macht, zum Beispiel beim Federball den Ball weit weg schlägt, werde ich dem Ball hinterherlaufen und versuchen, diesen Fehler noch zu korrigieren.

Manche Ehepaare gehen so miteinander um, als wären sie in einem endlichen Spiel:

1. Anstatt es dem anderen leicht zu machen, »den Ball zu kriegen« und weiterzuspielen, machen sie es ihm schwer. Ich kann es meinem Ehepartner leicht machen, treu zu bleiben, oder schwer machen.

2. Wenn der Ehepartner einen Fehler macht, nutze ich diesen Fehler aus. Statt sich gegenseitig zu helfen, die Folgen des Fehlers klein zu halten, verbucht man jeden Fehler des anderen als Plus auf sein eigenes Guthabenkonto. »Weil du wieder ein Knöllchen bekommen hast, darf ich mir ein neues Kleid kaufen«, obwohl wir eigentlich zu wenig Geld haben.

Ehe ist darauf angelegt, möglichst lange zu halten – bis dass der Tod uns scheidet. Sie ist im Sinne der Spieltheorie ein unendliches Spiel – und deswegen ist es sinnvoll, seine »Spielweise« entsprechend anzupassen.

(Ende des Beitrags)

Wer ein unendliches Spiel anstrebt, muss sich dafür entscheiden. Sicherlich ist das einerseits eine grundsätzliche Entscheidung, andererseits aber eine Entscheidung, die immer mal wieder im Ehealltag getroffen werden muss. *Irene, seit 40 Jahren verheiratet, sagte dazu: »Ich konnte ganz bewusst sagen: ›Miteinander ist besser!‹«*

Wenn man sich für ein unendliches Spiel entscheidet, schließt man andere Optionen (freiwillig) aus. So tat es jedenfalls das folgende, langjährig verheiratete Ehepaar.

In einem Gespräch über den Umgang mit ihren Eheproblemen erklärte die Frau, und der Ehemann bestätigte das deutlich, aber wortlos: »Scheidung war, bei all den Schwierigkeiten, die wir auch und manchmal heftig miteinander hatten, keine Option. Der Gedanke war überhaupt nicht da. Wir mussten eine Lösung finden. Und das war gut so!«

Schutzraum Ehe

Fressen und gefressen werden – das geschieht auf jeder Blumenwiese und sonst im Leben auch. Die Konkurrenz ist groß – nicht nur im Beruf. Entscheiden Sie sich, Ihrer Ehe einen Schutz- und Ruheraum geben zu wollen! »Durch mich geschieht dir nichts Schlimmes! Ich will dich nicht verletzen, belügen, betrügen, bestehlen. Bei mir sollst du dich fallen lassen können!« Wenn Sie ein Problem mit dem Partner haben, dann reden Sie mit ihm. Reden Sie mit ihm oder ihr zuerst! Entblößen Sie Ihren Ehemann/Ihre Ehefrau nicht vor anderen.

Immer häufiger ist es der hohe Anspruch an die Liebe, der Ehen krisenanfälliger macht, und nicht mehr die Geringachtung der Liebe. Unkritische und illusionäre Ansprüche führen in die Krise. Die Entwicklung als Prozess, in der sich jede Ehe befindet, wird dabei schnell übersehen.

In einer glücklichen Partnerschaft fordert keiner vom anderen, seine Träume aufzugeben. Möglichst viele Träume und Ziele sollen gemeinsam realisiert werden und beide Partner arbeiten daran mit, dass der andere sich entfalten und wachsen kann.

Zu einem Schutzraum gehört auch, dass man Fehler machen darf. Wenn der Ehepartner Fehler macht oder sogar schuldig an Ihnen und Ihrer Ehebeziehung wird, dann versuchen Sie zu vergeben. Vergebung zu praktizieren ist nicht immer leicht.

Nachtragend sein macht allerdings unfrei und zunehmend bitter. Daher ist Vergebung auch im Eigeninteresse sinnvoll.

Vom Einfluss der Selbstannahme

Nicht alle Menschen haben es gelernt, sich selbst anzunehmen. Besonders Frauen sind wahre Meister darin, an sich selbst herumzunörgeln, aber auch Männern ist das nicht fremd. Wer sich selbst nicht akzeptiert, kann andere nicht wirklich annehmen. Manchmal führt mangelnde Selbstannahme zu einer Überhöhung des andern. Auch das wirkt sich negativ auf die Beziehung aus, weil es den andern überfordert.

- Wie sehen Sie sich selbst?
- Wie sehen Sie Ihren Partner/Ihre Partnerin?
- Was denken Sie, wie Ihr Partner/Ihre Partnerin Sie sieht?
- Was wünschen Sie sich von Ihrem Partner/Ihrer Partnerin?
- Ist er/sie in der Lage das zu leben? Über- oder unterfordern Sie?

Wenn zwei zusammen sind
Ein Wort an Männer

Passen »Männer« und »Beratung« zusammen? Ja, und zwar dann, wenn der Mann der Berater ist!

Aber im Ernst: Für einen Mann ist es deutlich schwieriger, eine Beratung für sein persönliches Leben in Anspruch zu nehmen, als für eine Frau. Wenn eine Beratung stattfinden kann, dann bevorzugen viele Männer eine Beraterin. Einen Eheberater aufzusuchen würde bedeuten, einem andern Mann zuzugestehen, dass er es besser weiß. Das bedeutet Gesichtsverlust. Darum bedarf es einer besonders großen Überwindung. Von einer Eheberaterin kann sich der ratsuchende Mann eher distanzieren im Sinne von: »Ach ja, die Frauen.« Sein Gesichtsverlust ist kleiner und das macht es ihm leichter, auf die Erwartungen und Herausforderungen in der Beratung einzugehen.

Die Wahrscheinlichkeit, dass ein Mann den Wunsch seiner Ehefrau nach einer Eheberatung ablehnt, ist recht hoch. Nach wie vor werden Männer erst durch die deutliche Handlung ihrer frustrierten Ehefrau aufgeweckt. Erst wenn sie ausgezogen ist, erst wenn sie beim Anwalt war, wird er erkennen, wie ernst es ihr wirklich ist.

Greifen Sie die Wünsche Ihrer Frau nach Veränderung in der Ehe auf. Auch wenn Sie denken, es sei die subjektive Wahrnehmung Ihrer Ehefrau, eins teilt sie Ihnen mit: Es gibt ein Problem! Wann immer eine Person in einer Beziehung signalisiert: »Wir haben ein Problem!«, gibt es eins.

Ein Wort an Frauen

Lernen Sie aus den Zeilen an die Männer. Verstehen Sie, was das Aufsuchen einer Eheberatungsstelle für Ihren Mann bedeuten kann. Mit etwas nicht selbst fertig zu werden, sich also beraten lassen zu müssen, verletzt sein männliches Ego. Machen Sie ihm dennoch Vorschläge von Beratungsstellen, denen Sie vertrauen. Aber überlassen Sie ihm die Wahl des Eheberaters/der Eheberaterin.

Kündigen Sie einschneidende Veränderungen an. Frauen halten sich zu lange dabei auf, das Problem immer wieder zu thematisieren. Sie wollen darüber reden, sie nörgeln, sie weinen usw. Leider geschieht wenig Veränderung, wenn der Ehemann dafür nicht empfänglich ist. Wenn Sie spüren, dass Ihnen Ihre Geduld und Ihr langer Atem ausgehen, dann kündigen Sie das an.

In unserem Ehealltag fällt es mir manchmal schwer auszuhalten, dass mein Mann fällige Renovierungen hinausschiebt. Er geht – logischerweise – lieber seinen Lieblingstätigkeiten nach. In den ersten Ehejahren habe ich meine wachsende Frustration lange geschluckt und irgendwann – natürlich bei einer »passenden« Gelegenheit – brach alles vorwurfsvoll aus mir heraus. Folglich hatten wir deshalb immer wieder Konflikte. Inzwischen sind wir beide etwas weiser geworden. Heute überlege ich: »Wie lange halte ich das noch aus?« Diesen Zeitpunkt teile ich meinem Mann dann bei einer wirklich passenden Gelegenheit mit. Er nimmt wahr, dass es mir damit sehr ernst ist und handelt.

Natürlich können Sie diesen Kommunikationsweg auch bei schwerwiegenderen Themen anwenden. Kündigen Sie an: »Seit einigen Monaten bitte ich dich um eine Veränderung in unserer Ehe. Ich bin bereit für eine Eheberatung. Bisher hast du alle meine Vorschläge vom Tisch gewischt. Meine Geduld ist nun fast zu Ende. Wenn sich bis Weihnachten/bis in zwei Monaten/ zum 28.02. nichts verändert, dann werde ich so handeln, wie es zu meiner Situation passt.«

Eine solche Ankündigung sollten Sie sich allerdings gut überlegen. Wenn Sie etwas ankündigen, sollten Sie es auch umsetzen. Wenn Sie nicht sicher sind, ob Sie die Umsetzung aushalten wollen, dann ist es besser, keine Ankündigung zu machen. Ankündigungen, die nicht durchgezogen werden, schwächen (zusätzlich). Überlegen Sie, am besten zusammen mit einer Vertrauensperson, was Sie wirklich wollen und mit welchen Folgen Sie rechnen müssen.

Sagen Sie »Ja« zu sich selbst und zu Ihren Wünschen und Vorstellungen – auch im sexuellen Bereich. Achten Sie darauf, sich nicht alleine für die Beziehungsgestaltung in Ihrer Ehe verantwortlich zu machen. Teilen Sie diese. Das bedeutet auch, dass Sie Verantwortung dafür abgeben müssen.

Viele Frauen »bestrafen« ihre Männer, indem sie sich sexuell entziehen. »Wenn er sich nicht ändert, dann läuft eben nichts.« Dazu kann man erstens überlegen, ob es legitim ist, einen erwachsenen Menschen durch Bestrafung erziehen zu wollen. Zweitens ist der Strafende immer in einer erhöhten Position. Das widerstrebt dem Gleichwertigkeitsprinzip in der Ehe. Drittens bestraft man sich auch selbst.

Andersartigkeit wertschätzen

Die Entscheidung für eine Beziehung ist mit davon beeinflusst, welche Charaktereigenschaften des anderen einem bekannt sind, und mit davon geprägt, was reizvoll fremd ist. Das Bekannte gibt Sicherheit und das Fremde wirkt interessant und macht neugierig. Im Fremdartigen sucht man (meist unbewusst) die Ergänzung zu sich selbst. Im Laufe der Zeit kann dies positiv oder negativ verstärkend wirken. Die Ablehnung von Verhaltensweisen belastet die Beziehung.

Anja war aus Johns Sicht schon immer ein wenig kindlich. Zuerst fand er das total süß und anziehend. Nach 10 Jahren Ehe war er es leid. »Anja soll endlich erwachsen werden.« Anja sagt: »Ich habe total gerne Spaß. Wenn John nur nicht immer alles mit dem Kopf entscheiden würde!«

Wer aufhört, Anderssein als Falschsein zu bewerten, hat eine größere Chance, anders als einfach nur anders zu erleben. Andersartigkeit kann dann wertfreier ausgehalten werden. Darüber hinaus entsteht für die Partnerschaft eine erweiterte Chance. Die Unterschiedlichkeit der Partner macht Sie als Team reich an Möglichkeiten. Dann ist Andersartigkeit wertschätzend genutzt.

»Ordnet euch einander unter«

Volker und ich heirateten, als wir 20 bzw. 21 Jahre alt waren. Wir wollten beieinander sein und beieinander bleiben. Als wir heirateten, war uns nicht bewusst, dass wir für eine langfristige Ehebeziehung gute Voraussetzungen mitbrachten. Zuerst waren es die Fragen aus unserer Kirchengemeinde, »Wer hat bei euch eigentlich das Sagen?« »Wer trifft die ›letzte‹ Entscheidung, wenn ihr uneins seit?« »Wieso steht eigentlich ›Volker & Martina‹ im Telefonbuch?«, die uns auf einen Aspekt unserer Beziehung hinwiesen, den wir bisher nicht bewusst wahrgenommen hatten. Es war einfach so. Egal ob wir die Hochzeitsfeier vorbereiteten, Möbel aussuchten oder über unsere Urlaubsvorstellungen sprachen, wir haben einfach immer so lange geredet, bis wir beide sagen konnten: »Ja, so machen wir es! So ist es gut!« Später lernten wir in der Psychologie und in der Theologie die Wichtigkeit von Respekt und Gleichwertigkeit kennen und damit zu argumentieren.

Argumente aus der Psychologie: Je größer der gegenseitige Respekt und die Achtung voreinander sind, desto besser. Geringschätzung ist für eine Beziehung das Schlimmste. Beziehungen scheitern an Kommunikationssünden, die die innere Haltung offenbaren. Glückliche Paare fragen nach dem Denken, dem Willen, dem Wunsch, der Vorstellung, der Strategie und den Vorlieben des Partners. Sie sind in der Lage, ihre eigene Meinung wahrzunehmen und zu formulieren, aber sie sind auch in der Lage, die Meinung des anderen gleichwertig zur eigenen Meinung zu betrachten. Bei dauerhaft unglücklichen Paaren übernimmt einer die Rolle des »Obers« und wertet den anderen damit deutlich ab.

Hanno und Lara haben große Eheprobleme. Hanno hat seit einiger Zeit eine Freundin. Er beklagt sich darüber, dass er mit seiner Frau nicht reden könne. Sie sei total uneinsichtig. Die Frage, was denn passieren müsse, damit es anders wäre, beantwortet er mit: »Sie müsste tun, was ich sage!«

Argumente aus der Theologie: Beim Leben in einer christlichen Gemeinschaft soll der Umgang der Menschen miteinander nicht von Eigennutz und der Befriedigung von Eitelkeiten bestimmt sein, sondern einer soll den anderen höher achten als sich selbst (Philipper 2,3-4). Was für Menschen im Allgemeinen gilt, gilt natürlich besonders für Eheleute. Wenn der andere geachtet wird und der eigene Wille und Wunsch nicht höherwertig sind, dann entsteht Gleichwertigkeit.

Eheleute sollen sich aus Achtung vor Gott einander unterordnen (Epheser 5,21). Damit beginnt eine Erläuterung zum Umgang von Ehepartnern miteinander. Sich unterzuordnen bedeutet: Ich erlaube jemandem, Macht über mich zu haben. Daher ist Unterordnung immer ein freiwilliger Akt. So sollen Ehemann und Ehefrau miteinander leben. Alle weiteren Verse in Epheser 5, in denen die Haltung der Ehepartner zueinander beschrieben wird, sind unter der Überschrift *Aufforderung zu gegenseitiger Unterordnung* zu lesen und zu verstehen.[18] Wenn Sie sich entscheiden, die nachfolgenden Verse in einer Bibel nachzulesen, dann bitte ich die Frauen, sich mit den an Sie gerichteten Versen 22-24+33 auseinanderzusetzen, und die Männer, sich auf die Verse 25-33 zu konzentrieren.

Rolf kommt von einer Schulung in seiner Gemeinde nach Hause. Epheser 5,21-33 war das Thema des Abends. Rolf meint nun, seiner Frau Ina mit einer biblischen Begründung ihr Verhalten vorwerfen und eine einseitige Veränderung erwarten zu können. Die Antwort seiner Frau: »Wenn du beginnst, deinen Teil zu erfüllen, dann will ich meinen auch erfüllen!« *Rolf denkt über die Worte seiner Frau nach, und tatsächlich, er beschäftigt sich mit den Versen für den Mann. Er ändert sein Verhalten seiner Frau gegenüber. Rolf und Ina leben nun schon mehrere Jahre nach einem neuen Ehemuster – und sie kommen immer besser miteinander aus.*

Wenn Sie genügend Zeit damit verbracht haben, über Ihre eigene Bereitschaft und Umsetzung der biblischen Inhalte nachzudenken, dann wäre ein Ehepaargespräch anzuraten. Geben Sie sich gegenseitig die Zusicherung von Wertschätzung und Unterordnung.

»Was du nicht willst, dass man dir tu, das füg auch keinem andern zu.« Diese so genannte »Goldene Regel« gab es schon zurzeit Jesu (Matthäus 7,12 und Lukas 6,31). Jesus dreht diese Regel um. Er fordert seine Umgebung dazu auf, dem anderen all das zu geben, was man für sich selbst gern hätte. Auch dieser Grundsatz kann auf die Ehe übertragen werden. Fragen Sie: »Was braucht der andere?«, »Wie kann ich ihn glücklich machen?« statt »Wie werde ich glücklich?« Und unterlassen Sie alles, was Sie sich selbst nicht antun würden.

Zurück zu Volker und mir: Inzwischen sind wir mehr als 25 Jahre verheiratet. Wir diskutieren heute immer noch, denn die Fragen aus dem Alltagsgeschehen werden nicht weniger.

Aber es ist immer wieder erfreulich, einen gemeinsamen Weg gefunden zu haben, zu dem beide Partner »JA!« sagen können.

Aktiv zuhören trainieren

Wie ist Ihre gegenseitige Kommunikation? Diese Frage ist bei Ehepaargesprächen wichtig. Nicht zuhören können oder wollen ist ein gesellschaftlicher Trend, der auch vor der Ehe nicht haltmacht. Lassen Sie sich zu einer gemeinsamen Übung einladen:

Schreiben Sie einmal allein für sich auf, was Sie Ihrem Partner oder Ihrer Partnerin schon immer einmal sagen wollten. Was wünschen Sie sich ...

- für sich selbst?
- vom anderen?
- in Ihrer Ehe?

Zu jeder dieser Fragen suchen Sie ein bis zwei, höchstens drei Aspekte.

Im zweiten Teil der Übung setzen Sie sich mit Ihrem Partner/Ihrer Partnerin zusammen. Achten Sie dabei darauf, dass Sie erstens ungestört bleiben und zweitens, dass Sie sich atmosphärisch wohl fühlen. Wenn Sie mit den Äußerlichkeiten zufrieden sind, dann beginnen Sie die Übung.

Ein Ehepartner erzählt dem andern seinen ersten Wunsch. Achten Sie darauf, dass Sie dabei klare Sätze machen, und sagen Sie nicht mehr, als in drei bis vier Sätzen möglich ist. Die Aufgabe des anderen Ehepartners ist es, danach jeweils Ihre Aussagen so zu wiederholen, dass Sie am Ende sagen können: »Ja, ich fühle mich von dir verstanden!« Bei dieser aktiven Zuhörübung wird auch Ihre nonverbale Kommunikation mit einfließen. Wenn Sie mit dem Ergebnis zufrieden sind, dann wechseln Sie. Jetzt ist Ihr Partner/Ihre Partnerin an der Reihe. Und dann geht es abwechselnd weiter, bis Sie einander alle Wünsche mitgeteilt haben.

Alternativ können Sie bei dieser Übung auch darüber reden: »Wie geht es mir mit mir?« »Wie geht es mir mit dir?« »Wie geht es mir mit uns?«

Diese Übung braucht Ihre volle Konzentration. Es ist anstrengend zuzuhören, ohne gleich mit einer Erklärung oder einem Gegenargument zu reagieren. Aber es ist höchst befriedigend, sagen zu können: »Ja, ich bin verstanden worden!« Nutzen Sie diese Möglichkeit für eine bessere Kommunikation. Beginnen Sie langsam. Muten Sie sich zu Beginn nicht zu viel auf einmal zu.

Diese Übung sollten Sie immer mal wiederholen – auch in anderen Zusammenhängen, bei anderen Gesprächspartnern wie z. B. den Eltern, Kindern, Kolleginnen, Kunden etc. Ihre jeweiligen Gesprächspartner müssen diese Übung nicht kennen. Aber Sie werden bald merken, welch positiven Einfluss Ihr Kommunikationsverhalten auf die zwischenmenschliche Kommunikation hat und wie sehr sich andere wertgeschätzt fühlen, weil Sie aktiv zuhören.

Sie werden diese Übung nach und nach so verinnerlichen, dass sie Ihnen dann auch in kritischen Situationen präsent ist. Während eines aktuell auszutragenden Ehekonfliktes erinnern Sie sich plötzlich an die Übung und wenden sie spontan an. »Ich bin unsicher, ob ich dich richtig verstanden habe. Kann ich das noch einmal wiederholen? Habe ich dich richtig verstanden, du bist sauer auf mich, total wütend und auch irgendwie verletzt, weil ich …« Wenn Sie die Aussagen des anderen gut zusammenfassen, wird die Antwort: »Ja, so ist es!« oder »Ja, das stimmt!« lauten. Dabei wird sich die Atmosphäre während des Konflikts verändern und Ihre Kommunikation kann auf einer besseren Basis weitergeführt werden.

Vom bewussten Umgang mit Prioritäten

Überdenken Sie Ihre Prioritätenliste! Welchen Platz geben Sie Ihrer Partnerin/Ihrem Partner? Welchen Platz bekommt die Ehebeziehung? Welchen Einfluss hat das zurzeit auf Ihre

Zeiteinteilung? Wie wünschen Sie sich die Prioritäten? Welche Erwartungen hat Ihr Partner/Ihre Partnerin an Sie? Sicherlich unterliegt die Prioritätenliste natürlichen Schwankungen. Ein krankes Kind, die Pflegebedürftigkeit eines Elternteils, der Hausbau, ein Karrieresprung, all das hat Einfluss. Wichtig ist Ihre grundsätzliche Haltung zu den Prioritäten. Wie lange wird Ihr Partner/Ihre Partnerin eine eklatante Verschiebung der Prioritäten noch akzeptieren?

Christine ist Ärztin in einem Krankenhaus und mit ihrer Arbeit dort nie wirklich fertig. Ihr Chef, geschieden und arbeitssüchtig, erwartet von ihr einen hohen Einsatz. Und da es in diesem Beruf immer um auf Hilfe angewiesene Menschen geht, wirkt jedes Argument für einen geregelten Feierabend schwach. Christines Mann hat eine verantwortliche Stelle beim TÜV. Seine Arbeitszeiten sind vorgegeben. Er hat viel Verständnis für Christine, aber er murrt in der letzten Zeit immer häufiger. Obwohl er sich gut selbst beschäftigen kann, fühlt er sich wie ein verheirateter Single. So will er die Ehe nicht fortführen.

Auch Hobbys können die Prioritäten ungünstig beeinflussen. Ob es die Spielfreude im örtlichen Fußballverein, die Liebe zur Gartenarbeit oder das ehrenamtliche Engagement in einer Kirchengemeinde ist, jede Tätigkeit, die Eheleute dauerhaft voneinander trennt, schädigt die Beziehung. Aber jedes Engagement, das die Ehe stärkt, ist gut.

Seit einigen Jahren gehen mein Mann und ich gemeinsam zum Tanzunterricht. Neben dem positiven Aspekt der Bewegung tut es uns gut, ein gemeinsames Hobby zu pflegen. Mein Mann, Volker, investierte einige Jahre(!) Überzeugungsarbeit, bis ich bereit war, dieses Hobby mit ihm zu beginnen. Heute ist es ein gemeinsames, verbindendes Hobby von uns beiden.

Von den »fünf Sprachen der Liebe«

Manchmal zeigen sich Eheleute ihre Liebe und Zuneigung ganz deutlich – so meinen sie zumindest. Leider kommt die Botschaft beim anderen aber nicht an. Die Liebesbotschaft läuft ins Leere.

Chris erfüllt seiner Frau Danni alle Wünsche, die im Rahmen ihres gemeinsamen Einkommens liegen. Sie braucht nur erwähnen, was ihr gefällt, schon hat er es gekauft. Er macht ihr teure Geschenke, auch ohne Geburtstag oder Weihnachtsfest. Trotzdem ist Danni unglücklich. Der Wasserhahn in der Küche tropft, der Rasen müsste gemäht werden und das Auto müsste zur Inspektion. Wenn er ihr doch nur helfen würde bei den praktischen Dingen des Alltags. Dann würde sie erkennen, dass er sie wirklich liebt.

- Die Liebessprache von Chris ist: »Ich beschenke dich, um dir meine Liebe zu zeigen.«
- Die Liebessprache von Danni ist: »Wenn wir uns gegenseitig praktische Hilfe geben, dann zeigen wir uns Liebe«.

Ein Kuschelabend auf dem Sofa ist für Ilka liebende Geborgenheit. Dann fühlt sie sich so richtig von Fynn geliebt. Fynn liebt es, wenn Ilka ihm Komplimente macht. Davon bekommt er nie genug.

- Die Liebessprache von Ilka: Körperkontakt.
- Die Liebessprache von Fynn: Anerkennung erhalten.

Die fünfte Sprache der Liebe: Gemeinsam Zeit verbringen. Ein Einkaufsbummel, ein Abend am Kamin, ein Gesellschaftsspiel, ins Kino gehen oder ein gemeinsamer Spaziergang. Alles ist gut, Hauptsache, es geschieht mit dem/der geliebten Partner/Partnerin.

Sich nicht geliebt zu fühlen, ist auf die Dauer schwer auszuhalten. Wer es lernt, die Liebessprache seines Ehemanns oder seiner Ehefrau zu verstehen, wird lernen, sich geliebt zu fühlen. Natürlich sind Menschen unterschiedlich begabt, wenn es um das Erlernen einer »Fremdsprache« geht. Aber wer verstanden hat, dass es weder mangelndes Interesse noch mangelnde Liebe ist, wenn der Ehemann oder die Ehefrau auf seine/ihre spezielle Art und Weise Liebe zum Ausdruck bringt, wird aussteigen können aus zerstörerischen Unterstellungen und den dazugehörigen negativen Gefühlen.

Umgang mit Konflikten
Kritisieren ohne zu verletzen

Menschen verletzen sich gegenseitig, weil sie sagen, was sie denken, ohne sich der Wirkung ihrer Worte bewusst zu sein. Worte können wie Schwerthiebe wirken. Wer sich die Wirkung seiner Worte bewusst macht, wird sein Sprachverhalten ändern. Überprüfen Sie Ihre Kommunikation und Ihre kritischen Aussagen einmal, indem Sie Ihre Sätze von jemand anderem zu sich selbst sagen lassen. Sie können sich auch vor einem Spiegel die Aussagen selbst zusprechen. Seien Sie dabei kritisch mit sich selbst.

Eine Möglichkeit, Kritik verletzungsfrei zu äußern, finden Sie in folgender Anleitung:

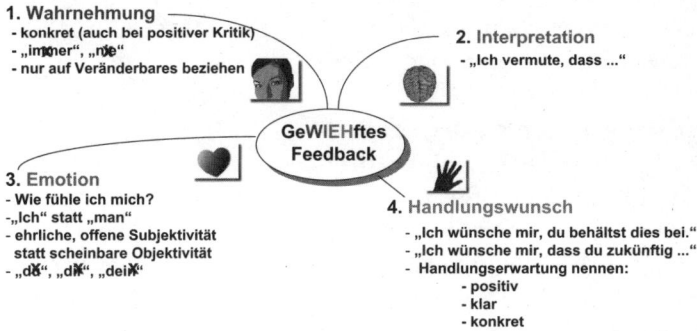

Abbildung 5: Kritisieren ohne zu verletzen.[19]

Sagen Sie zuerst, was Sie konkret wahrnehmen, dann Ihre Interpretation, Ihre Emotion und zuletzt Ihren Handlungswunsch. Die Zerlegung des Feedbacks in einzelne Schritte verhilft zu einer klareren Kommunikation. *»Heute habe ich das Auto mit einem leeren Tank übernommen. Daher musste ich noch tanken* *und kam zu spät zu meinem Termin. Letzte Woche war es auch so. Ich denke, du hast das nicht bedacht. Mich ärgert das, denn ich möchte pünktlich sein. Ich wünsche mir, dass du tankst, wenn es nötig ist, oder mich über den Stand der Tanknadel informierst, damit ich etwas früher losfahren kann, um noch zu tanken.«*

Dies mag zu Beginn etwas hölzern und unnatürlich wirken. Je mehr Sie diese Feedbackform anwenden, umso vertrauter wird sie Ihnen und umso natürlicher werden Sie Ihre Botschaft formulieren können.

Agieren statt re-agieren

Je mehr Sie sich mit sich selbst und der Andersartigkeit Ihres Partners/Ihrer Partnerin auseinandersetzen, um so eher werden Sie *agieren* statt zu *re-agieren*. Wer reagiert, tut etwas als Reaktion auf eine vorherige Aktion. Die ursächliche Handlung und die Reaktion darauf stehen in einem ursächlichen Zusammenhang. Daher ist eine Reaktion häufig vorhersagbar.

Wer agiert, tut etwas aus sich heraus. Wer agiert, steigt aus dem Reiz-Reaktion-Muster aus. Wer agiert, handelt selbstverantwortlich, frei und eigenständig.

Lösbare und unlösbare Konflikte

Ehekrisen können unterschiedliche Intensität und Stärke annehmen. Je größer die Krise, umso mehr Konflikte tauchen auf. Ein Konflikt als solcher ist gar nicht schlecht oder schlimm. Wir brauchen Konflikte, um im Miteinander verschiedene Sichtweisen zu klären. So gesehen ist jeder Konflikt eine Chance und daher kann auch jede Krise als Chance betrachtet werden. Im Konflikt, in der Krise wird deutlich, dass es ungeklärte Sichtweisen, Einstellungen, Ziele usw. zwischen den Eheleuten gibt. Zuerst einmal ist es positiv, wenn diese ungeklärten Dinge auf den Tisch kommen. Entscheidend sind die nächsten Schritte im Umgang damit.

Die Konfliktstufen nach Glasl (S. 20–23) können Ihnen helfen, die Stufe Ihres Konfliktes zu erkennen. Aber um mit Konflikten umgehen zu können, bedarf es einer weiteren Analyse. Konflikte können durch eine Systematisierung und Einordnung verstanden und dann auch besser bearbeitet werden.

Es gibt lösbare und unlösbare Konflikte, aber auch nötige und unnötige. Einen Konflikt auszutragen ist nötig, wenn im Zusammensein unterschiedliche Werte aufeinandertreffen, wenn die Beziehung oder Ziele geklärt werden müssen. Unnötig sind Konflikte wegen Missverständnissen, Streitereien um Nebensächliches, Unachtsamkeiten oder auch Scheingefechte. Unnötige Konflikte rauben Energie. Daher sollte man möglichst früh entscheiden, ob der Konflikt lösbar oder unlösbar ist.

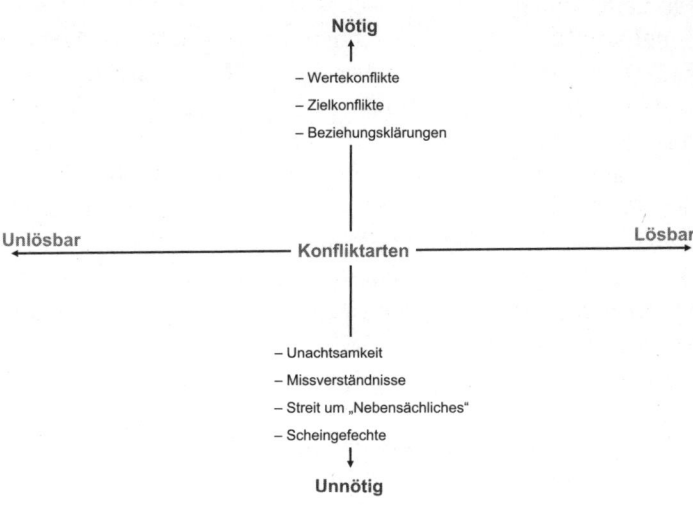

Abbildung 6: Nötige und unnötige Konflikte[20]

Am besten denken Sie jetzt an einen ganz konkreten Konflikt in Ihrer Partnerschaft, den Sie lösen wollen.

Ordnen Sie ein: Ist der Konflikt nötig und lösbar?

Bei diesen Konflikten gibt es eine Lösung. Manchmal braucht es eine Zeit des Nachdenkens und miteinander Überlegens.

Aber es kann eine Lösung gefunden werden. Dabei kann es hilfreich sein, wenn Sie nach dem Motiv dahinter fragen.

Ruth will mit dem Auto in den Urlaub fahren und Gerd mit dem Zug. Zuerst beharren beide auf ihrer Meinung. Auf dieser Ebene ist keine befriedigende Lösung in Sicht. Dann fragen sie sich nach dem »Wozu?«. Jetzt stellen sie fest: Ruth liebt am Urlaubsort eine höchstmögliche Flexibilität und Gerd leidet unter der langen Reisezeit im Auto ohne Bewegungsmöglichkeit. Auf dieser Ebene bieten sich nun verschiedene Lösungen an. Erstens, das Paar fährt mit dem Zug zum Urlaubsort und mietet dort ein Auto. Zweitens, das Paar reist mit dem Auto und plant Zwischenstopps, evtl. Übernachtungen ein. Drittens, sie reisen mit dem Autozug.

Der Konflikt sollte zum Nutzen aller mit einem Minimum an Aufwand maximal gelöst werden. Die Klärung soll so lange dauern, wie es braucht, die Unstimmigkeit beizulegen – nicht länger, aber auch nicht kürzer.

Ordnen Sie ein: Ist der Konflikt lösbar, aber unnötig?

Diese Konflikte sollten Sie schnellstmöglich beenden! Streiten Sie nicht um Nebensächlichkeiten! Missverständnisse können geklärt, Absprachen klarer gefasst und Nörgeln abgestellt werden. Wichtig ist, dass die getroffenen Absprachen eingehalten werden. Was können Sie dazu beitragen?

Ordnen Sie ein: Ist der Konflikt unnötig und unlösbar?

Wenn man zu keiner einheitlichen Sicht kommen kann, dann muss man lernen mit unterschiedlichen Sichtweisen zu leben. Dabei sollten Wege gefunden werden, die dauerhafte Schäden oder massive Abwehr unnötig machen. Das Problem darf bleiben, aber es bestimmt die Beziehung nicht.

Ludwig und Fiona haben sehr unterschiedliche Kleidungsstile. Ludwig ist Geschäftsmann und das drückt sich auch in seiner Kleidung aus. Fiona ist eher alternativ. Sie liebt Naturstoffe und -farben. Sie will nicht immer »wie aus dem Ei gepellt« aussehen. Sie mag es bequem. Es gab eine Zeit, in der alle Einladungen zu einer Ehekrise wurden. Ludwig argumentierte: »Zeig mir, wie du dich anziehst, und ich sage dir, wer du bist!« Fiona sagte: »Mensch, das ist doch eine Einladung von Freunden, sei doch nicht so verspannt. Mach es dir bequem!« Inzwischen haben sie sich gegenseitig angenommen. Fiona will Ludwig nicht mehr erziehen und Ludwig bewertet Fiona nicht mehr über ihre Kleidung. Aber beide tragen weiterhin, was ihnen gefällt.

Ordnen Sie ein: Ist der Konflikt nötig, aber unlösbar?

Diese Konfliktart ist die schwierigste! Die Lösung des Konfliktes ist, dass es keine Lösung gibt. Das ist unterschiedlich schwer auszuhalten. Je kleiner der Konflikt in der Sache ist, um so eher ist ein Waffenstillstand möglich.

Volker und ich haben zu einem gemeinsamen Erlebnis unterschiedliche Sichtweisen, Bewertungen und Empfindungen. Diese Punkte können wir nicht lösen. Aber wir haben gemeinsam beschlossen, uns von unserer unterschiedlichen Bewertung nicht ständig belasten zu lassen. Jeder hat seine Sichtweise. Aber wir beide leben mit der Situation so, dass jeder aus Respekt vor der Sicht des anderen versucht, weitere gegenseitige Verletzung zu vermeiden.

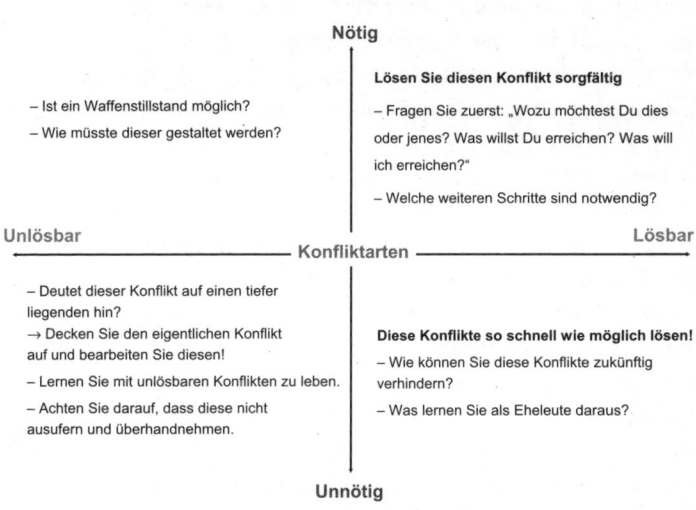

Nötig

Lösen Sie diesen Konflikt sorgfältig

– Ist ein Waffenstillstand möglich?
– Wie müsste dieser gestaltet werden?

– Fragen Sie zuerst: „Wozu möchtest Du dies oder jenes? Was willst Du erreichen? Was will ich erreichen?"
– Welche weiteren Schritte sind notwendig?

Unlösbar ——— **Konfliktarten** ——— **Lösbar**

– Deutet dieser Konflikt auf einen tiefer liegenden hin?
→ Decken Sie den eigentlichen Konflikt auf und bearbeiten Sie diesen!
– Lernen Sie mit unlösbaren Konflikten zu leben.
– Achten Sie darauf, dass diese nicht ausufern und überhandnehmen.

Diese Konflikte so schnell wie möglich lösen!
– Wie können Sie diese Konflikte zukünftig verhindern?
– Was lernen Sie als Eheleute daraus?

Unnötig

Abbildung 7: Lösbare und unlösbare Konflikte[21]

Sexualität – ein Gemeinschaftserlebnis

Mit das Liebevollste und Größte, was Eheleute füreinander tun können, ist das Bemühen, dem Partner sexuelle Erfüllung zu schenken. Die intensiven und starken Gefühle einer gemeinsam erlebten Sexualität wirken normalerweise positiv, beglückend und verbindend. Sexualität gehört zur Liebe unter Eheleuten und Liebe gehört zur Sexualität. Dabei ist Sexualität ein Teil der Liebe, zu der auch Zärtlichkeit, Zuneigung, Vertrautheit, Barmherzigkeit, Vergebungsbereitschaft, Vertrauen und Fürsorge sowie der liebende Umgang mit den Schwächen des anderen gehören.

Erotik entsteht wohl auch deshalb, weil beim sexuellen Akt gerade die Organe besonders beteiligt sind, die sich bei Mann und Frau unterscheiden. Die Partner finden einander anziehend und möchten gerne freudig aufeinander zugehen. Damit geht die Geschlechtsbeziehung von Mann und Frau über die der Tiere wie in einem Wunder und Geheimnis hinaus.

Die deutschen Männer und Frauen haben jährlich im Durchschnitt ca. zweimal wöchentlich Sex. Für 85 % der Männer ist es wichtig, dass die Frau befriedigt wird. 51 % der Frauen und 42 % der Männer finden die Lust im Vorfeld am schönsten. 61 % sehen Stress als größten Störfaktor. Das Vorspiel dauert häufig etwas länger als 20 Minuten.[22]

Der Vollzug körperlicher Liebe ist ein Akt des einander Gehörens, bei dem zwei Menschen eins werden und doch zwei bleiben. Leiblich miteinander eins werden, ist »Erkennen« im Vollzug. Im »Erkennen« wird verstanden, was Erkennen ist. Sexualität existiert um ihrer selbst willen und dient gleichzeitig dem Arterhalt. Die Ganzheit der Menschen besteht aus zwei Geschlechtern, und da der Mensch nie und nirgends als Mensch an sich existiert, sondern immer und überall als Mann oder Frau, ist er auch nur in der Polarität der Geschlechter zu begreifen. Beide erkennen ihre Geschlechtlichkeit im Anderssein des anderen. Mann und Frau kommen durch die bekannten Züge des Partners in Kontakt mit ihren eigenen unbekannten

Möglichkeiten. Der Mann wird wie ein Spiegel für die Frau, die Frau wird zum Spiegel für den Mann.

Das Bedürfnis nach Sexualität ist tief im menschlichen Wesen verankert – dennoch muss die konkrete Umsetzung erlernt und gestaltet werden. Da Sexualität im Kopf beginnt, kann sie willentlich gestaltet und beherrscht werden. In ihr wird auch der Charakter des jeweiligen Menschen sichtbar.

Bis heute überlassen Frauen ihren Männern stark die Initiative beim sexuellen Handeln. Allerdings hat eine langsame und vorsichtige Veränderung weiblichen Sexualverhaltens begonnen. Frauen wollen vermehrt ihre eigenen Wünsche und sexuellen Phantasien ausleben. Ihr vorsichtiges »Ja« zu dieser Veränderung ist noch wie eine sensible Pflanze, die gepflegt werden will.

Der Orgasmus ist dabei eine Grenzerfahrung, die dem Verlust von Kontrolle nahekommt. Viele falsche Vorstellungen prägen die Erwartungen an Sexualität. Wie die sexuelle Reaktion des einzelnen Menschen aussieht, ist unterschiedlich und individuell. Sexuelle Reaktionen sind abhängig von vielen verschiedenen variablen Faktoren wie z. B. dem Alter, physischem und emotionalem Befinden, Erregungsgrad, Verhalten des Partners/der Partnerin und der Gefühle für sie bzw. ihn, Erwartung an sich selbst und vermuteter Erwartung des Partners/der Partnerin, Status der Beziehung usw. Alle Versuche, Sexualität zu schematisieren, führen dazu, dass sowohl Männer als auch Frauen sich als nicht »normal« empfinden. Das ist überaus bedauerlich und verhindert ein gelingendes aufeinander Zugehen.

Immer mehr Paare scheitern an ihrer Leistungserwartung an sich und den Partner im Ehebett. Für manche Männer ist es unvorstellbar, dass eine Frau Gefallen am Liebesspiel hatte, auch wenn sie keinen Orgasmus bekam. Die Frau wiederum denkt, sie müsse unbedingt einen Orgasmus zeigen (häufig genug wird er dann vorgespielt), damit der Partner »erfolgreich« war und mit sich zufrieden sein kann. Leistungswille oder gar -forderung ist der schleichende Anfang vom Ende in einer guten sexuellen Beziehung. Dennoch geschieht das selten bewusst.

Nach dem Samenerguss, dem »kleinen Tod« (»le petit mort«, wie die männliche Erschöpfung nach dem Samenguss auch genannt wird), fühlen sich viele Männer matt und in tiefer Entspannung. Zum Leidwesen ihrer Partnerin schlafen viele Männer dann ein. Die von Frauen bevorzugte fortdauernde Verbundenheit durch Umarmungen, Kuscheln oder einem entspannenden Gespräch – dem sog. Nachspiel – können Männer für sich entdecken und sich dabei sehr wohl fühlen. Manchmal kann es aber auch für beide Partner genau richtig sein einzuschlafen.

Die Spannung zwischen Mannsein und Frausein kann nicht aufgelöst werden. Der Versuch, geschlechtliche Spannung und Andersartigkeit auflösen zu wollen, führt zu einer Über- und Unterordnungserwartung im Miteinander. In der Geschichte wurden Frauen dabei allzu oft auf die Ehe und das Kindergebären festgelegt. Sie wurden dann auf Geliebte, Kameradin und Mutter eingeengt. Allerdings können Mann und Frau im Miteinander eine positive Gestaltung des eigenen Geschlechts und der Andersartigkeit des Partners erreichen. Dazu müssen die eigene geschlechtliche Identität, die eigene Polarität und die des anderen angenommen sein.

Erfüllende Sexualität entwickeln

In der Beratung von Verlobten und Ehepaaren erlebe ich immer wieder Unkenntnis der eigenen Sexualität und der des Partners/der Partnerin. Das führt zu Fehldeutungen, Missverständnissen und Frustration. Der Wachstumsprozess zu einer erfüllenden ehelichen Gemeinschaft hin braucht viel Geduld, Wertschätzung und Geborgenheit sowie eine Ausgewogenheit im Nähe-Distanz-Bedürfnis. Wenn Eheleute miteinander kommunizieren und Konflikte austragen können, dann werden sie auch über sexuelle Erwartungen und Wünsche reden. Im

Folgenden finden Sie einige Gesprächsanregungen, die Sie bei der körperlichen Liebe zu einer größeren Freiheit in Wort und Tat führen können.

- Erfüllende Sexualität lebt vom Üben. Der Drang zueinander ist zwar natürlich, die sich gegenseitig verschenkende körperliche Liebe ist jedoch mit dem Erlernen eines Musikinstrumentes zu vergleichen. Man lernt nie aus! Gehen Sie lernwillig und mutig weiter. Frustration und Tränen sind kein Grund aufzugeben. Sie können sich davon herausfordern lassen, noch mehr aufeinander einzugehen. Machen Sie keinen Sex, sondern lieben Sie sich körperlich. Ihre Einstellung wird Ihr Verhalten und Ihre Sprache prägen.
- Gut ist, was der Ehefrau guttut. Richtig ist, was für den Ehemann richtig ist. Sexuelle Bedürfnisse sind individuell. Finden Sie Ihre Bedürfnisse und die Ihres Partners/ Ihrer Partnerin heraus. Schulen Sie Ihre Selbstwahrnehmung und entwickeln Sie ein sensibles Gespür für den anderen.

Übung macht den Meister. Schulen Sie Ihre Sensibilität füreinander mit einer gemeinsamen Streichelübung. Bevor Sie beginnen, sollten Sie für einen warmen, ruhigen und störungsfreien Raum, evtl. mit Musik, sorgen. Streicheln Sie sich nun gegenseitig ca. 5–10 Minuten lang, ohne erogene Zonen zu berühren. So erkunden Sie das Angenehme und können feststellen, was Sie irritiert oder was Sie ablehnen.

Anschließend sollten Sie über Ihr Erleben miteinander reden. Was war angenehm? Was war unangenehm? Was verändert Ihr Interesse am Geschlechtsverkehr – positiv oder negativ? Schließen Sie dabei die Wirkung Ihrer Umgebung auf den Sexualakt mit ein. Sagen Sie, was Ihnen am anderen Geschlecht neu ist. Vielleicht muss der Mann lernen, dass seine Frau behutsame Berührungen bevorzugt, und die Frau, dass der Mann »schaurig-schöne« Berührungen anregend findet. Gespräche über intime Wünsche und Erlebnisse können ähnlich intim sein wie der sexuelle Vollzug.

- Welchen Ort, welche Zeit, Stellung, Erregungsart bevorzugen Sie? Phantasievolle Abwechslung oder geliebte Gleichförmigkeit ist abhängig vom jeweiligen Typ. Aber die wenigsten Menschen sind wirklich absolut festgelegt. Mal ist ein Quickie richtig, dann ein langes Vorspiel mit anschließendem Kuschelsex. Sexualität erfordert ein Mindestmaß an Erregung und das Gefühl, sich fallenlassen zu können. Leiten Sie sich gegenseitig.

  Richtig ist, was gerade jetzt für beide Partner möglich und schön ist. Manche Ehepartner wollen Kerzenschein, andere anregende Düfte. Soll es hell, dunkel oder romantisch verspielt sein? Manche Menschen lieben Oralsex und andere überhaupt nicht. Einem Ehepaar ist erlaubt, was beide schön finden. Genau richtig sind die Ziele, selbst befriedigt zu werden, Spaß miteinander zu haben und den anderen befriedigen zu wollen. Helfen Sie einander, auch indem Sie sich gegenseitig die Hand führen oder auch mal die Wünsche des Partners/der Partnerin ablehnen. Thematisieren Sie partnerschaftliche Sexualität immer wieder! Davon werden auch andere Lebensbereiche einen Nutzen haben.

- Beachten Sie Ihre persönliche Grenze! Was mögen Sie nicht? Das alleine sollte reichen, um die Grenze zu beachten. Vielleicht können Sie Ihrem Partner/Ihrer Partnerin einen Grund dafür nennen. Das trägt zum besseren Verständnis bei. Manchmal können Grenzen aber auch erweitert werden. Wenn verengende Erziehung die Freiheit der Partner einschränkt, kann man überlegen, wie man aus der Enge herauskommen kann. (Ethische Grenzen werden überschritten, wenn zur sexuellen Erregung pornographische Materialien eingesetzt werden. Darauf sollte man verzichten.)

- Kein Stress im Ehebett! Kein Stress beim Orgasmus! Die Erwartungen an einen Orgasmus sind bei Frau und Mann unterschiedlich. Frauen erleben Sex auch über Beziehung und Zärtlichkeit. Daher ist ein Orgasmus nicht unbedingt und zwingend Ziel. Entwickeln Sie ein Gespür füreinander und lernen Sie, miteinander über Ihre sexuellen Wünsche zu reden.

- Bauen Sie unrealistische Erwartungen ab! Unrealistische Erwartungen werden von unrealistischen Bildern, Filmen etc. geprägt und beeinflussen Mann und Frau. Distanzieren und trennen Sie sich davon.
- Klären Sie sexuelle Vorerfahrungen. Besonders dann, wenn diese Einfluss auf Ihre Ehebeziehung haben. Vorerfahrungen können eine Belastung sein oder werden. Distanzieren Sie sich – für sich selbst und für Ihre Ehepartnerin/Ihren Ehepartner.
- Klären Sie Hygieneerwartungen. Der Umgang mit Körperflüssigkeiten und mit Hygienemaßnahmen ist unterschiedlich. Sprechen Sie über Ihre Erwartungen und Wünsche.

Störungen erfüllender Sexualität

Alle Lebensbereiche haben Einfluss auf die eheliche Sexualität; Störungen der Sexualität beeinflussen andere Lebensbereiche. Daher werden im Folgenden einzelne Störungen in der Sexualität aufgezeigt. Wenn Sie Störungen in Ihrer Sexualität feststellen, dann reden Sie zuallererst miteinander darüber. Manches wird sich dabei klären. Danach sollten Sie evtl. ärztliche Hilfe (durch Urologen oder Gynäkologen) aufsuchen, um mögliche organische Zusammenhänge feststellen zu lassen. Und Sie könnten Hilfe bei einer Person Ihres Vertrauens suchen. Worauf Sie dabei achten sollten, ist unter *Fremdhilfe* (ab S. 96) aufgezeigt.

- Zärtlichkeit ist zur Routine geworden. Entfachen Sie die Zärtlichkeit neu! Sex sollte nie mechanisch abgespult werden.

- Ein Partner kann sich sexuell nicht hingeben. Das führt zu einer Abwärtsspirale für beide, weil Sexualität dann zu etwas Gezwungenem wird. Klären Sie Ursache und Ziel dieses, für das Eheleben schwierigen sexuellen Verhaltens. Überlegen Sie gemeinsam Veränderungsmöglichkeiten.
- Gedanken zu äußerlichen Lebensumständen stören die Sexualität. Wer überlegt, ob die Kinder schlafen, ob alle Arbeiten erledigt sind, wie der Plan für morgen aussieht, ist abgelenkt. Allerdings kann es sein, dass diese Gedanken gerade dann kommen, wenn sich ein Mensch fallen lassen will. Dann ist es gut, darüber zu reden und sich gegenseitig eine Phase der Entspannung zu gestatten – oder den anderen mit einem leidenschaftlichen Sex zu verführen.
- Nehmen die Überlegungen »Wird mein Körper funktionieren?«, »Kann ich wohl abschalten?«, »Hoffentlich wirke ich nicht lächerlich!«, »Ich will kein Kind zeugen/empfangen!« oder auch »Ich will unbedingt ein Kind zeugen/empfangen!« und »Hoffentlich hört uns niemand, schellt niemand!« etc. zu viel Raum ein, kann die sexuelle Lust schwinden, bevor sie sich wirklich entfalten konnte. Klären Sie diese Fragen und Gedanken für sich selbst und in der Partnerschaft.
- Gedanken zum Sex, z. B. ob die Erregung lange genug anhält, der Orgasmus zum richtigen Zeitpunkt (und gemeinsam) kommt oder ob der andere einen schön findet, können stören. Reden Sie auch darüber! Bedenken Sie: Ein *gemeinsamer* Orgasmus ist nicht *der* Höhepunkt der körperlichen Liebe. Es kann sogar negativ wirken, da während des Orgasmus jeder mit sich selbst beschäftigt ist. Orgasmen zu verschiedenen Zeiten können Lust steigern, denn: »Ich gehe mit dir und du mit mir!« Das bedeutet: doppelter Gewinn!
- Manche Eheleute klagen, weil ihnen der Ehepartner zu sehr auf die Pelle rückt. Klären Sie Ihre Nähe-Distanz-Bedürfnisse!

- Libidoverlust (mit Libido wird die mit Sexualität verknüpfte psychische Energie bezeichnet; die Libido ist bei Mann und Frau auch stark hormonabhängig) oder Stress stören die sexuelle eheliche Gemeinschaft deutlich. Ca. 20% aller 25- bis 40-jährigen Männer haben Probleme mit der Erektionsfähigkeit. Das kann organische Ursachen haben, aber auch durch Leistungsdruck, Versagensängste, Angst vor der Sexualität oder der Angst vor dem Genuss kommen. Ein plötzlicher Abbruch der Erregung kann die Eheleute entmutigen.

  Wenn Sie Erkrankungen des Körpers vermuten, dann sollten Sie einen Arzt aufsuchen! Quälen Sie sich nicht selbst, wenn Abhilfe durch eine Therapie geschaffen werden könnte.

  Bei der Einnahme von Medikamenten sollte die Packungsbeilage beachtet werden. Manche Medikamente bewirken einen Libidoverlust.

- Welche Atmosphäre der Ursprungsfamilie prägt Ihre Sexualität bis heute? Wurde sie tabuisiert, war schmutzig oder peinlich? Unaufgeklärtheit verstärkt Angst. Stellen Sie sich diesen (unbewussten) Übertragungen.

- Ausgeprägte Hygienemaßnahmen verändern die Toleranz für Körperflüssigkeiten und Gerüche. Körperflüssigkeiten brauchen kein Grund für Ekelgefühle sein und sie sind nicht unhygienisch. Vorausgesetzt, sie kommen aus einem gesunden Körper. Extreme Reinheitsvorsorge schadet den Schleimhäuten (das verursacht Krankheiten und Schmerzen) und der sexuellen Lust.

- Erkrankungen der Psyche können zu einer vermehrten Erwartung von Nähe und damit auch Sexualität führen. Das irritiert den Partner/die Partnerin. Aber es kann auch das Gegenteil eintreten, weil sich der erkrankte Mensch distanziert.

- Homoerotische Neigungen von Eheleuten stören eheliche Sexualität. Denken Sie darüber nach und klären Sie diese – auch miteinander!

- Irrtümer in der Vorstellung über Sexualität führen zu Störungen:
    - Irrtum 1: Männer wollen öfter Sex.
    - Irrtum 2: Sex ist unabhängig von der Beziehung zueinander.
    - Irrtum 3: Sex wird vom Partnerwechsel belebt.
    - Irrtum 4: Leidenschaft ist lebenslang konstant.
    - Irrtum 5: Es gibt eine »normale« Frequenz für ehelichen Verkehr. Diese müssen wir erreichen.
    - Irrtum 6: Pornofilme steigern die eheliche Lust.

Was ist Ehebruch?

Diese Frage begegnet mir immer wieder. Viele Leute denken, dass Ehebruch dann geschieht, wenn es eine außereheliche sexuelle Beziehung gibt oder gab. Ich möchte diesen Begriff weiter fassen. *Ehebruch geschieht immer dann, wenn bei einem der Ehepartner in Bezug auf die Ehe irgendetwas zerbricht*, z. B. Vertrauen, Geborgenheit, Angenommensein u. v. a. m. Wenn etwas zerbrochen ist, dann hat vorher eheschädigendes Verhalten stattgefunden. Eheschädigendes Verhalten kann sehr unterschiedlich sein: Hoher Fernsehkonsum, Süchte, Eifersucht, Nörgeln, ausfällig werden, Perfektionismus, Gewalt, überlange Abwesenheitszeiten, Überbetonungen aller Art. Schadet die heimliche SMS der Ehe oder schadet die Eifersucht des Partners? Was tatsächlich der Ehe schadet, kann im Gespräch miteinander gelöst werden, wenn beide bereit sind, ihre Position zu überdenken. Manchmal ist dazu die Hilfe einer neutralen Person notwendig. Sexueller Ehebruch ist häufig die Folge vieler kleiner eheschädigender Verhaltensweisen und Ehebrüche von beiden Partnern im Vorfeld.

Schützen Sie sich gegenseitig

Eheliche Unzufriedenheit ist eine häufige Ursache für Ehebruch. Ganz häufig kommt hinzu, dass die Eheleute keine sexuelle Gemeinschaft mehr haben. Von außen herangetragene Versuchung kann sich erst dann entfalten, wenn sie auf fruchtbaren Boden trifft.

Die eigene sexuelle Versuchlichkeit darf nicht überbewertet werden. Wer ständig über sexuelle Versuchlichkeit nachdenkt, ist in Gedanken immer mit Sex beschäftigt. Das kann schnell zu einem Spiel mit dem Feuer werden. Wenn sexuelle Versuchlichkeit unterbewertet wird, ist das naiv.

Wer sexuelle Versuchlichkeit spürt oder ihr gar erlegen ist, sollte radikal mit diesem Verhalten brechen. Eheschädigendes Verhalten muss aufhören!

- Leben Sie gesunde Körperlichkeit. Haben Sie Freude an Nacktheit, dem Spüren des eigenen Körpers, Sport und Hobbys. Nehmen Sie Ihren Körper auch ohne Sex wahr.
- Suchen Sie eine qualifizierte, eheintegrative, psychologische oder therapeutische Beratung auf.
- Nutzen Sie die Chance einer Beichte.
- Bauen Sie sich eine Gebetspartnerschaft auf. Fliehen Sie in die Nähe Gottes!
- Überprüfen Sie Ihre Medienauswahl. Was regt Ihre sexuelle Phantasie eheschädigend an?
- Überprüfen Sie Ihre Erwartungen an die Partnerschaft. Kann der Ehepartner/die Ehepartnerin Ihre Wünsche überhaupt erfüllen?
- Bedenken Sie: Kein Mensch stirbt, weil er keinen Sex hat! Sollten Sie in Ihrer Ehe gerade durch eine Durststrecke gehen, kann Ihnen diese Einstellung helfen.
- Lernen Sie Ihre typischen Einfallstore für sexuelle Versuchung kennen. Allgemein sind Männer stärker durch das Auge verleitet und Frauen anfälliger über Beziehungen.
- Versuchen Sie, für Ihren Ehepartner/Ihre Ehepartnerin wieder Freund/Freundin, Begleiter, Liebhaber und Lebenshilfe zu werden.
- Gestalten Sie die Ehebeziehung bewusst. Verändern Sie den eingefahrenen Ehealltag und das eintönige Sexualleben.

- In der Bibel werden Eheleute aufgefordert, sich nicht gegenseitig die sexuelle Gemeinschaft zu verweigern (1. Korinther 7,5) und weise, also nicht rücksichtslos, miteinander umzugehen (1. Petrus 3,7; Kolosser 3,19).
- Bedenken Sie: Ein verliebter Mensch verliebt sich nicht! Arbeiten Sie dafür, dass Ihr Partner/Ihre Partnerin in Sie verliebt bleibt.

2. Fremdhilfe

Sinnvoll und nützlich

Leider sind viele Eheprozesse schon so weit negativ fortgeschritten, dass Selbsthilfe nicht mehr greift. Manchmal hatten Eheleute von Anfang an eine schwierige Beziehung, die immer schlimmer wurde. Zögern Sie nicht, Hilfe durch qualifizierte Beratung anzunehmen! Betrachten Sie eine Eheberatung eher wie eine Unternehmensberatung. Kein Mensch würde über einen Unternehmer verächtlich reden, wenn er durch eine qualifizierte Beratung sein Unternehmen rettet. So ist es auch mit Ihrer Ehe. Sie sind das »Unternehmen Ehe« eingegangen. Ein Scheitern des Unternehmens ist viel verletzender, in Frage stellender und letztlich auch teurer, als es eine »Unternehmensberatung« je sein kann.

Klären Sie in guten Ehezeiten, wie Sie mit einer Ehekrise umgehen wollen. Manche Eheleute einigen sich auf eine Eheberatungsstelle, ohne einen konkreten Konflikt zu haben. Andere haben guten Freunden das Recht gegeben, auf Probleme in der Ehebeziehung hinweisen zu dürfen.

Eine professionelle Eheberatung wird Sie Zeit, Geld und Kraft kosten. Kalkulieren Sie das ein. Die Motivation beider Eheleute sollte für eine Beratung hoch sein. Wollen Sie zur Rettung Ihrer Ehe beitragen? Wie hoch ist Ihre Bereitschaft? Seien Sie bereit, sich zu öffnen. Nur dann kann Ihnen geholfen werden.

Vielleicht ist es Ihnen schon vor der Beratung möglich, Ihre eigenen Anteile an der Ehekrise zu überlegen. Das verkürzt die Beratungszeit deutlich. Was könnte Ihr Lebenslernschritt sein? Sehen Sie dabei auf sich selbst – nicht auf den Partner! Erwarten Sie Veränderungen in erster Linie von sich selbst. Wer erwartet, dass der andere sich zuerst verändert, steht sich selbst im Weg. Ihre Ehekrise kann zu einem großen Wachstumsschritt für Ihre Persönlichkeit werden – wenn Sie mitarbeiten.

Klären Sie, welche Eheberatungsstelle Sie aufsuchen wollen. Bevorzugen Sie einen Berater oder eine Beraterin? Mögen Sie Gruppentreffen oder lieber Einzelberatung? Bevorzugen Sie eine religiöse Ausrichtung oder ist Ihnen das nicht wichtig? Entscheiden Sie, ob Sie eine Beratung möchten, in der Sie als Ehepaar als ein System betrachtet werden. Dann werden Ihre Ressourcen und Kompetenzen gestärkt und gemeinsam Lösungen gesucht. Suchen Sie Beratung, in der Sie höchste Qualifikation erwartet, oder reicht Ihnen eine Paarberatung, die z. B. räumlich näher liegt?

Vielleicht gelingt es Ihnen, mit Ihrem Ehepartner/Ihrer Ehepartnerin einen gemeinsamen Auftrag für die Eheberatung zu formulieren. Klären Sie: Was will ich und was erwarte ich?

Was geschieht in der Eheberatung?

Das Ziel einer Paarberatung ist es, dem Paar wieder zu einer positiven Dynamik zu verhelfen. Positive Dynamik bietet Ihnen mehr Raum für Barmherzigkeit und Freiheit im Miteinander. Eheberatung kann nicht erreichen, dass Sie keine Probleme mehr miteinander haben.

Gute psychologische Beratung und qualifizierte Seelsorgeangebote werden von vier Grundpfeilern getragen. Sie sollen *stützen*, *schützen*, *konfrontieren* und *herausfordern*. Daher wird Eheberatung guttun und wehtun. Beides ist nötig, damit ein Heilungsprozess eingeleitet werden kann. Den schmerzhaften Heilungsprozess kann man z. B. mit einer Blinddarmoperation vergleichen. Würde der Blinddarm weiter im Bauchraum bleiben, würde er eines Tages platzen und den Tod des Menschen bedeuten. Um Heilung zu erreichen, muss der Arzt in den Bauch schneiden und den Blinddarm entfernen. In der Beratung gibt es leider keine Narkose. Daher muss der Umgang mit den Herausforderungen und der Konfrontation durch den Berater/die Beraterin in höchster Sensibilität stattfinden. Der Berater/die Beraterin ist dabei auf Ihr Feedback und Ihre Hilfe angewiesen. Bedenken Sie darum: Eine Beratung ohne Konfrontation und Herausforderung bewirkt meistens nichts! Allerdings darf sie Ihnen kein Korsett aufzwingen.

Wer etwas für seine Ehe tut, erhält ihren Wert. Wer sein Auto erst zur Werkstatt bringt, wenn es klappert und der Motor stockt, wird letztlich draufzahlen – selbst wenn das Auto noch zu retten war. Gehen Sie mit Ihrer Ehe besser um!

Wer ist für uns richtig?

Eine Unsicherheit besteht sicherlich darin, wohin man gehen soll und an wen man gerät. Sie müssen wählen, ohne die Beratungsstelle zu kennen und stehen dabei in verschiedenen Spannungsfeldern. Sie können zu kritisch oder zu blauäugig sein. Sie haben die Wahl zwischen Expertenwissen und Hilfsangeboten von Laien oder Freunden. Lassen Sie sich die Entscheidung nicht aus der Hand nehmen. Es geht um Ihre Ehe und um Ihre gemeinsame Zukunft.

Haben Sie den Mut, Fragen zu stellen. Es ist Ihr gutes Recht, vor der Beratung über folgende Dinge informiert zu sein:

- Wer sind Sie? Welche Qualifikationen haben Sie?
- Welches ethische Konzept ist Ihre Grundlage? Welches Menschenbild haben Sie?
- Wie arbeiten Sie? Stehen bei Ihnen die Ratsuchenden im Zentrum? Arbeiten Sie ehezentriert? Ist absolute Vertraulichkeit gewährleistet? Welche Themen geben Sie vor?
- Welche äußere Form (Terminvergabe, Uhrzeitvereinbarung, evtl. Preise) haben die Treffen mit Ihnen?

- Wie wird der Erfolg der Beratung überprüft?
- Was geschieht, wenn wir eine Entscheidung gegen den Rat des Eheberaters/der Eheberaterin treffen?
- Wann sind die Gespräche zu Ende und wie werden sie beendet?

Achten Sie auf die Auskunftsbereitschaft des Beraters/der Beraterin. Sie wollen sich einem Berater/einer Beraterin anvertrauen, Sie sollten sich öffnen können und darum sollten Sie auf alle Ihre Fragen eine Antwort bekommen.

Weitere Fragen können sein: Nutzt der Berater/die Beraterin Supervision? Findet die Beratung in Teamarbeit statt? Achtet der Berater/die Beraterin Ihre persönliche Distanz? Werden Sie dem Berater/der Beraterin im Alltag begegnen? Können Sie sich einen längeren Anfahrtsweg zur Beratungsstelle zeitlich und finanziell leisten? Diese und sicherlich weitere Fragen sollten Sie für sich klären.

Während meiner Krankenpflegeausbildung war ich verwirrt, als uns der Chirurg die »richtige« Therapie zur Behandlung von Gallensteinen erklärte. Gerade vorher hatte uns der Internist völlig überzeugend eine andere Therapie geschildert. Was war nun richtig? Die »richtige« Therapie war also auch bestimmt von der medizinischen Fachrichtung.

So ähnlich ist es, wenn es um die Seele des Menschen geht – nur verwirrender. Es gibt inzwischen unüberschaubar viele Therapiearten und Hilfsangebote. Und alle können zum gewünschten Erfolg beitragen, wenn der Berater/die Beraterin das Erlernte wirklich beherrscht. Sie treffen eine Wahl, meist ohne die Fachrichtung zu kennen. Den meisten Ratsuchenden ist das auch egal. Sie wollen, dass es hilft und wieder besser wird. Gehen Sie darum weiter entspannt auf eine Beratung zu.

Und wenn die Beratung begonnen hat?
In der Eheberatung ist es überaus wichtig, dass der Berater/die Beraterin neutral bleibt. Wenn Sie unsicher sind, sprechen

Sie dies am besten aus. Nur dann können Sie eine Klärung herbeiführen.

Die Beratung wird Sie an Ihre Schmerzgrenze führen. Das wird Ihre Wachstumsbereiche motivieren und evtl. Heilungsprozesse einleiten. Weichen Sie nicht aus. Wechseln Sie nicht zu früh. Brechen Sie nicht ab!

Wenn Ihnen in der Beratung suspekte Situationen oder Dinge begegnen, dann informieren Sie sich dazu. Natürlich sollten Sie zuerst den Berater/die Beraterin darauf ansprechen und um eine Erklärung bitten. Im nächsten Schritt sollten Sie sich weitere Informationsquellen erschließen. Wenn die Beratungsstelle in eine Organisation eingebunden ist, können Sie von dort möglicherweise weitere Informationen anfordern.

Mit Beratung eine starke Ehe bauen

Mehr als jede andere Beziehung fordert eine Paarbeziehung Menschen zu einer persönlichen Veränderung auf. Dieser Prozess führt zwangsläufig zu Konflikten und auch schon mal in eine Krise – mit sich selbst und mit dem anderen. Dem muss man nicht ausgeliefert sein.

Es lohnt sich in einer Partnerschaft, auch längere Durststrecken durchzustehen. Diese Durststrecken dürfen allerdings nicht sich selbst überlassen werden, denn dann kippen sie schnell ins Negative um.

In der Paarberatung werden die gemeinsamen Stärken bewusst gemacht und verstärkt. Die Eheleute werden trainiert, diese Stärken zu pflegen. Wachstumsbereiche werden entdeckt und Wachstum wird gefördert.

Der Ist-Zustand einer Ehebeziehung ist in einem gewissen Rahmen messbar und kann dann sichtbar gemacht werden. *Prepare/Enrich* (dt.: vorbereiten/bereichern) ist eine Möglichkeit, den Zustand der eigenen Beziehung zu erkennen, um wertvolle Ansatzpunkte für eine Ehevorbereitung oder die Stärkung der Ehesituation zu erhalten. Nach der Analyse wird es möglich sein, konkrete Wachstumsschritte einzuleiten.

In der folgenden Grafik sind die Kurven verschiedener Paare dargestellt. Glücklichen Paaren gelingt eine bessere Kommunikation, sie sind sexuell zufriedener, sie bewerten die Beziehung zur Familie und zu Freunden stärkend und der gemeinsame Glaube hat positiven Einfluss auf die Beziehung. Im Umgang mit Konflikten haben sie die gleichen Ergebnisse wie die weniger glücklichen Paare, die im gesamten Ergebnisniveau niedriger als die der glücklichen sind. Deutlich fallen die Ergebnisse der Paare ab, die sich noch vor oder nach der Hochzeit getrennt haben. In fast allen Bereichen liegen diese Ergebnisse unter 50 % Übereinstimmung.

Wenn Ehepartner in einem Bereich ihrer Ehe, z. B. in der Kommunikation, miteinander wachsen, wird das erstens zu einer verbesserten Kommunikation führen, zweitens die Beziehung stärken und drittens Auswirkungen auf andere Bereiche der Partnerschaft haben. Wer besser miteinander kommuniziert, ist auch eher in der Lage, Konflikte zu lösen.

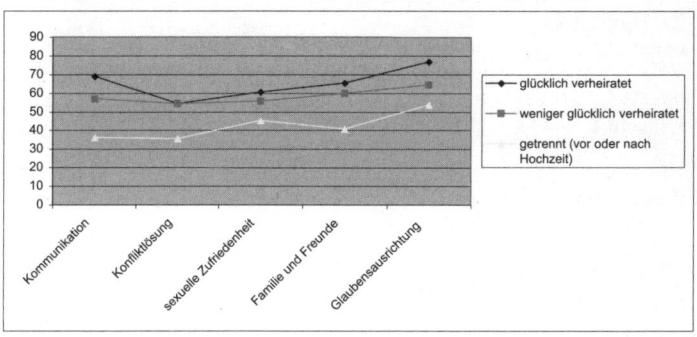

Abbildung 8: Graphik von Beziehungen nach Prepare/Enrich-Analysen[23]

Als Ehepaar leben Sie mit einer Dynamik, die positive und negative Kreisläufe auslösen kann. Das Ziel einer Eheberatung wird sein, die Dynamik von Selbstvertrauen und Selbstbehauptung zu stärken, damit die Vermeidungstendenzen und die Partnerdominanz reduziert werden können.

Ihre Ehe ist eine Unternehmung, für deren Erhalt es sich lohnt einzutreten oder gar zu kämpfen. Mit der folgenden Auswahl an Weblinks können Sie Eheberatung oder Eheberatungsvermittlung in Ihrer Region finden, aber auch Seminare und Prophylaxemaßnahmen. Manche Institute bieten eine Ausbildung in Eheberatung an. Danach finden Sie eine Auswahl von Büchern. Bücher – so zeigt die Forschung – können dann hilfreich sein, wenn sie gemeinsam gelesen und bearbeitet werden. Wer etwas für seine Ehe tut, erhält oder steigert ihren Wert.

3. Weblinks und Literatur

Eheberatung, -beratungsvermittlung, Prophylaxemaßnahmen, Seminare oder Eheberaterausbildung

»Dynamis« Die Lebensberatung im Ring-Café, Leipzig	www.dynamis-lebensberatung.de
Beratungsstelle des Weißen Kreuzes, Ahnatal/Kassel	www.sexinderehe.de www.weisses-kreuz.de
Bildungsinitiative, Kirchheim unter Teck	www.bildungsinitiative.net
BTS Fachgesellschaft für Psychologie und Seelsorge, Freudenstadt D, Stäfa CH	www.bts-ips.de www.bts-seelsorge.ch
Christliche Seelsorger, Therapeuten, Ärzte und Berater, Neuenhagen	www.c-stab.de
coaching, training, councelling, Martina Kessler, Gummersbach	www.ehe-ich-mich-schei.de

DE'IGNIS Institut, Egenhausen	www.deignis.de
Deutsche Arbeitsgemeinschaft für Jugend- und Eheberatung e. V., München	www.dajeb.de
Family Life Mission, Nussbach AU, Langgöns D	www.flm.at www.flmd.de
Institut für Christliche Lebens- und Eheberatung, Steinen	www.icl-institut.org
Ein partnerschaftliches Lernprogramm (EPL) oder **Konstruktive Ehe und Kommunikation (KEK),** Bonn	www.AKF-Bonn.de www.epl-kek.info
KOMKOM (KOMmunikations-KOMpetenztraining), München	www.institutkom.de
Institut für Seelsorge und Beratung, Plauen	www.isb-plauen.de
Institut Seelsorge und Beratung, Dietzhölztal	http://seelsorge.feg.de/
LiSa Eheatelier, Steffisburg oder Corseaux CH, Zierenberg D	www.lisaeheatelier.ch www.lisaeheatelier.de
Marriage Week Deutschland, Lüdenscheid	www.marriage-week.de
Partnerschule, Dr. Rudolf Sanders, Herdecke	www.partnerschule.de
Prepare – Enrich, Neuenhagen	www.prepare-enrich.de
Team F, Neues Leben für Familien, Lüdenscheid	www.team-f.de
Therapeutische Seelsorge Institut, Neuendettelsau	www.ts-institut.de

Tabelle 5: Beratungsstellen in AT, CH, D

Beratung

- Seehuber, Dietmar (u. a.). *Der Beratungsführer 2007–2009. Seelsorge und Therapie in christlichen Einrichtungen.* Witten: SCM R.Brockhaus. 2007.

Ehevorbereitung/Ehealltag/Partnerschaft

- Arp, Claudia & David. *Keine Zeit für Zärtlichkeit?* Gießen: Brunnen. 2005.
- Arp, Claudia & David. *Liebe ist kein Zufall. Was glückliche Paare richtig machen.* 2. Auflage. Gießen: Brunnen 2003.
- Bochmann, Andreas. *Praxisbuch Ehevorbereitung. Anregungen für Seelsorge und Beratung.* Gießen: Brunnen. 2004.
- Chapmann, Gary. *Weil unsere Liebe wachsen soll. Kleines Handbuch für Verliebte, Verlobte und Verheiratete.* 3. Auflage. Marburg: Francke-Buchhandlung. 2001.
- Eggers, Ulrich & Gundlach, Martin (Hg.). *treue. liebe. Das Buch, das Partnerschaften stark macht.* Holzgerlingen: SCM Hänssler. 2008.
- Eichberger, Andreas. *Scheitern verboten? Scheidung aus biblischer und seelsorgerlicher Sicht.* Wuppertal: R. Brockhaus. 2007.
- Endres, Dieter & Susanne. *Gemeinsam unterwegs. Ehe lebendig gestalten.* 3. Auflage. Gießen: Brunnen. 2009.
- Hansen, Hartwig. *Respekt – Der Schüssel zur Partnerschaft.* Stuttgart: Klett-Cotta. 2008.
- Jellouschek, Hans. *10 Liebesregeln für das Glück.* Stuttgart: Kreuz. 2007.
- Jellouschek, Hans. *Die Kunst als Paar zu leben.* Stuttgart: Kreuz. 2007.
- Jellouschek, Hans. Wie *Partnerschaft gelingt – Spielregeln der Liebe. Beziehungskrisen sind Entwicklungschancen.* Freiburg: Herder. 2009.
- Kessler, Volker. *Der Befehl zum Faulenzen. Den Sabbat wieder entdecken.* Marburg: Francke-Buchhandlung. 2008.
- Ruthe, Reinhold. *Pfeffer und Salz. Unterschiede würzen die Partnerschaft.* 2. Auflage. Holzgerlingen: SCM Hänssler. 2006.
- Ruthe, Reinhold. *Wenn Liebe zur Fessel wird. Freiheit und Abhängigkeit in der Partnerschaft.* Gießen: Brunnen. 2004.
- Sanders, Rudolf. *Beziehungsprobleme verstehen – Partnerschaft lernen. Partnerschule als Kompetenztraining in Ehe- und Familien-*

beratung. Grundlagen – Verlaufsmodelle – Evaluation. Paderborn: Jungfermann. Juni 2006.

- Stein, Claudia. *Lässt sich Eheglück vorhersagen? Eine empirische Studie zu Ehestabilität und Ehezufriedenheit.* Neuenhagen: CAB-Service. 2005.
- Willi, Jürg. *Psychologie der Liebe. Persönliche Entwicklung durch Partnerbeziehung.* 4. Auflage. Reinbek: dtv. 2005.
- Willi, Jürg. *Was hält Paare zusammen? Der Prozess des Zusammenlebens in psycho-ökologischer Sicht.* 9. Auflage. Reinbek: dtv. 2004.
- Zurhorst, Eva-Maria. *Liebe dich selbst und es ist egal, wen du heiratest.* 8. Auflage. München: Goldmann. 2004.

Ursprungsfamilie/Familienkonstellation

- Leman, Kevin. *Geschwisterkonstellationen. Die Familie bestimmt Ihr Leben.* 6., neu ausgest. Auflage. München: Mvg. 2004.
- Schmid, Eva & Schmid, Walter. *Meine Familienreise. Wie die Herkunft die Zukunft prägt.* Altensteig: cap!-music. 2000.
- Toman, Walter. *Familienkonstellation. Ihr Einfluss auf den Menschen.* 7. Auflage. München: C. H. Beck. 2006.
- Yerkovich, Kay & Milan. *Wie wir lieben. Prägungen erkennen, den Partner verstehen, Beziehungen vertiefen.* Holzgerlingen: SCM Hänssler. 2007.

Geschlechtsunterschiede

- Bielefeldt, Frauke. *Die Sache mit der Rippe. Die himmlische Idee von den Geschlechtern.* Asslar: Gerth Medien. 2007.
- Bischof-Köhler, Doris. *Von Natur aus anders. Die Psychologie der Geschlechtsunterschiede.* Stuttgart: Kohlhammer. 2002.
- Crabb, Lawrence J. *Als Mann und als Frau. Kampf der Geschlechter oder Freude am Geschlecht.* Basel: Brunnen. 1991.
- Gottmann, John M. & Silver, Nan. *Die 7 Geheimnisse einer glücklichen Ehe.* München: Ullstein. 2004
- Gray, John. *Männer sind anders, Frauen auch. Männer sind vom Mars, Frauen von der Venus.* München: Goldmann. 1992.

- Pease, Allan & Barbara. *Warum Männer nicht zuhören und Frauen schlecht einparken. Ganz natürliche Erklärungen für eigentlich unerklärliche Schwächen.* München: Ullstein. 2000.
- Tannen, Deborah. *Du kannst mich einfach nicht verstehen. Warum Männer und Frauen aneinander vorbeireden.* Hamburg: Kabel. 1991.

Kommunikation
- Kessler, Volker. *Kritisieren ohne zu verletzen. Lernen von den Sprüchen Salomos.* 3. Auflage. Gießen: Brunnen. 2008.
- Moeller, Michael Lukas. *Die Wahrheit beginnt zu zweit. Das Paar im Gespräch.* 28. Auflage. Reinbek: Rowohlt. 1992.
- Tannen, Deborah. *Das hab´ ich nicht gesagt. Kommunikationsprobleme im Alltag.* München: Goldmann. 1999.
- Tannen, Deborah. *Ich mein´s doch nur gut: Wie Menschen in Familien aneinander vorbeireden.* München: Ullstein. 2003.
- Tannen, Deborah. *Lass uns richtig streiten. Vom kreativen Umgang mit nützlichen Widersprüchen.* München: Goldmann. 1999.
- Weingardt, Beate M. *Ein Mann – kein Wort. Warum Männer nicht gerne über Gefühle reden und warum Frauen sich nicht damit abfinden.* Wuppertal: SCM R.Brockhaus. 2008.
- Weisbach, Christian-Rainer. *Professionelle Gesprächsführung. Ein praxisnahes Lese- und Übungsbuch.* 6., überarb. und erw. Auflage. München: dtv. 2003.

Konfliktmanagement
- Chapmann, Gary. *Die fünf Sprachen der Liebe. Wie Kommunikation in der Ehe gelingt.* 5. Auflage. Marburg: Francke-Buchhandlung. 2008.
- Fisher, Roger; Ury, William L.; Patton Bruce M. *Das Harvard-Konzept. Der Klassiker der Verhandlungstechnik.* 22. durchges. Auflage. Frankfurt: Campus Fachbuch 2004.
- Glasl, Friedrich. *Konfliktmanagement. Ein Handbuch für Führungskräfte, Beraterinnen und Berater.* 8., akt. und erg. Auflage. Bern: Haupt. 2004.
- Kessler, Volker 2007. *Macht macht was – Chance und Missbrauch,* in Knoblauch, Jörg & Marquardt, Horst (Hg.) 2007. *Mit Werten Zukunft gestalten.* Holzgerlingen: SCM Hänssler. 2007, S. 23–37.

- Stockmayer, Johannes. *Selig sind die Friedensstifter. Konflikttraining für christliche Führungskräfte.* Bonn: Verlag f. Kultur u. Wissenschaft. 2004.

Literatur für Frauen

- Buchheister, Marion. *Mein Mann kann tun und lassen, was ich will. Von wohlwollender Diktatur, anderen Liebestötern und der Chance, sie aus der Welt zu schaffen.* Wuppertal: SCM R.Brockhaus. 1999.
- Eldredge, Stacy & John. *Weißt du nicht, wie schön du bist? Was passiert, wenn Frauen das Geheimnis ihres Herzens entdecken.* 3. Auflage. Gießen: Brunnen. 2009.
- Ethridge, Shannon. *Jede Frau und das geheime Verlangen.* Holzgerlingen: SCM Hänssler. 2005.
- Jarosch, Linda & Grün, Anselm. *Königin und wilde Frau. Lebe, was du bist!* 2. Auflage. Münsterschwarzach: Vier-Türme. 2004.
- Lampmann, Annika. *Du bist wunderschön. Sieh dich selbst mit Gottes Augen.* Wuppertal: SCM R.Brockhaus. 2009.
- Schmalenbach, Hanna-Maria. *Frausein zur Ehre Gottes im Kontext verschiedener Kulturen.* Marburg: Francke. 2007.
- Smally, Gary. *Entdecke deinen Mann.* 23. Auflage. Holzgerlingen: SCM Hänssler. 2008.
- Storch, Maja. *Die Sehnsucht der starken Frau nach dem starken Mann.* 6. Auflage. München: Goldmann. 2002.

Literatur für Männer

- Atherburn, Stephan & Stoecker, Fred. *Jeder Mann und die Versuchung.* Holzgerlingen: SCM Hänssler. 2007.
- Atherburn, Stephan & Stoop David. *Warum Männer manchmal wütend sind.* Holzgerlingen: SCM Hänssler. 2007.
- Chapmann, Gary. *Die fünf Sprachen der Liebe für Männer. Der Schlüssel zum Herzen Ihrer Frau.* Marburg: Francke-Buchhandlung. 2006.
- Crabb, Lawrence J. *Das Schweigen der Männer und was wirklich dahintersteckt.* Basel: Brunnen. 1997.
- Eldredge, John. *Der ungezähmte Mann. Auf dem Weg zu einer neuen Männlichkeit.* Gießen: Brunnen. 2008.

- Leman, Kevin. *Männergeheimnisse. Was er nie sagen würde*. Holzgerlingen: SCM Hänssler. 2008.
- Smally, Gary. *Entdecke deine Frau*. 13. Auflage. Holzgerlingen: SCM Hänssler. 2008.

Persönlichkeit
- Bents, Richard & Blank, Rainer. *Typisch Mensch. Einführung in die Typentheorie*. 2., überarbeitete und erweiterte Auflage. Göttingen: Beltz. 1995.
- Fuchs, Helmut und Huber, Andreas. *Die 16 Lebensmotive. Was uns wirklich antreibt*. 3. Aufl. München: dtv. 2005.
- Gay, Friedbert. *Das persolog Persönlichkeits-Profil. Persönliche Stärke ist kein Zufall. Mit Fragebogen zur Selbstauswertung*. 31. vollst. überarb. und erw. Auflage. Remchingen: Persolog. 2004.
- Riemann, Fritz. *Grundformen der Angst: Eine tiefenpsychologische Studie*. München; Basel: Reinhardt. 1993.
- Ruthe, Reinhold. *Typen und Temperamente: Die vier Persönlichkeitsstrukturen. Mit umfassendem Persönlichkeitstest*. Nachdruck der 5., überarb. Auflage. Moers: Brendow. 2006.
- Seiwert J., Lothar & Gay, Friedbert. *Das neue 1x1 der Persönlichkeit. Sich selbst und andere besser verstehen mit dem DISG-Modell. Der Praxisleitfaden zu mehr Erfolg*. München: Gräfe & Unzer. 2004.

Sexualität
- Bochmann, Andreas & Näther, Ralf. *Sexualität bei Christen. Wie Christen ihre Sexualität leben und was sie dabei beeinflusst. Empirische Studien und Diskussionsbeiträge*. Gießen: Brunnen. 2002.
- Ecker, Diana. *Aphrodites Töchter: Wie Frauen zu erfüllter Sexualität finden*. 3. Auflage. München: Kösel. 2002.
- Horn, Ute & Thomas. *Zwei unter einer Decke. Das Geheimnis erfüllter Sexualität*. Holzgerlingen: SCM Hänssler. 2008.
- Horn, Ute. *Sehnsucht, Sex und frommer Frust*. Holzgerlingen: SCM Hänssler. 2007.
- Leman, Kevin. *Licht an, Socken aus. Ein erfülltes Sexleben als Basis einer guten Ehe*. Holzgerlingen: SCM Hänssler. 2008.

- LaHaye, Tim & Beverly. *Wie schön ist es mit dir. Erfüllende Sexualität in der Ehe*. 4. Auflage. Asslar: Gerth Medien. 1999.
- Lehnert, Volker A. & Lehnert, Felicitas A. *Ehe wir´s verlernen! Erotik in der Ehe – 12 Denkanstöße*. 5. Auflage. Neunkirchen-Vluyn: Neukirchener-Verlagsgesellschaft. 2008.
- Leman, Kevin. *Sex beginnt in der Küche. ... denn Liebe lebt von 1000 kleinen Dingen*. Basel: Brunnen 2003.
- Penner, Joyce & Clifford. *Sex – Leidenschaft in der Ehe*. Holzgerlingen: SCM Hänssler. 2008.
- Schnellenbaum, Peter. *Das Nein in der Liebe. Abgrenzung und Hingabe in der erotischen Beziehung*. 17. Auflage. München: dtv. 2001.
- Wheat, Ed & Gaya. *Hautnah. Erfülltes Intimleben in der Ehe*. 16. Auflage. Asslar: Gerth Medien. 2001.

Vergebung
- Grabe, Martin. *Lebenskunst Vergebung. Befreiender Umgang mit Verletzungen*. *3. Auflage*. Marburg: Francke-Buchhandlung. 2004.
- Weingardt, Beate M. *Das verzeih' ich Dir (nie). Kränkungen überwinden, Beziehungen erneuern*. Wuppertal: SCM R.Brockhaus. 2004.

Anmerkungen

[1] Quelle: http://www.buergerliches-gesetzbuch.info/_buch/bgb_ familienrecht.htm (online im Internet, Stand 26.03.09).

[2] Quelle: http://www.destatis.de/jetspeed/portal/cms/Sites/ destatis/Internet/DE/Navigation/Statistiken/Bevoelkerung/ EheschliessungenScheidungen/EheschliessungenScheidungen. psml (online im Internet, Stand 27.03.09).

[3] Hansen, Hartwig. *Respekt – Der Schüssel zur Partnerschaft.* Stuttgart: Klett-Cotta. 2008, S. 28–34.

[4] Der österreichische Ökonom promovierte 1967 mit einer Dissertation zur internationalen Konfliktverhütung.

[5] Glasl, Friedrich. *Konfliktmanagement. Ein Handbuch für Führungskräfte, Beraterinnen und Berater.* 8., akt. und erg. Auflage. Bern: Haupt. 2004, S. 233–309.

[6] »Sexualität« bezieht sich hier auf »normales« Sexualverhalten von Eheleuten. Organische Funktionsstörungen oder pathologisch verändertes Sexualverhalten müssen gesondert betrachtet werden. Die Autorin verweist dazu auf Veröffentlichungen zu den speziellen Themen.

[7] Quelle: http://www.sexinderehe.de/index.php?id=5 (online im Internet; Stand 28.01.09).

[8] http://www.ellviva.de/Liebe/sexuelle-Zufriedenheit-Gespraeche. html (online im Internet; Stand 17.03.09).

[9] Quelle: Polizeiliche Kriminalstatistik 2006 der Bundesrepublik Deutschland.

[10] Wenn traumatische Erlebnisse der Vergangenheit das Heute mitbestimmen, will man dies unbewusst ruhen lassen. Das Aufarbeiten ist sehr mühevoll und begleitet von der Angst vor einem schrecklichen Schmerz. Um dem aus dem Weg zu gehen, wird die aktuelle Ehesituation hingenommen.

[11] Weisbach, Christian-Rainer. *Professionelle Gesprächsführung. Ein praxisnahes Lese- und Übungsbuch.* 6., überarb. und erw. Auflage. München: dtv. 2003, S. 259.

[12] Kessler, Volker. *Der Befehl zum Faulenzen. Den Sabbat wieder entdecken.* Marburg: Francke-Buchhandlung. 2008, S .20

[13] Als »Ursprungsfamilie« wird die Familie bezeichnet,in der eine Person aufgewachsen ist.

[14] Der Autorin ist bekannt, dass wenige Menschen mit Geschlechts- merkmalen beiderlei Geschlechts geboren werden. Der Einfluss von männlichen und weiblichen Hormonen auf die Entwicklung eines Jungen oder Mädchen im Mutterleib bleiben hier unberück- sichtigt, da sie den Chromosomensatz nicht beeinflussen.

[15] Die Beschreibung zur erotischen Wirkung der Brüste stammt von einem deutschen Mann und Gynäkologen. Brüste wirken auf Frauen in der Regel nicht erotisch und können daher nicht »allge- mein« als erotisch beschrieben werden. Außerdem ist die erotisie- rende Wirkung der Brüste kulturspezifisch verankert. So gelten in andern Kulturen die Beine der Frau erotischer als ihre Brust.

[16] Gay, Friedbert. *Das persolog Persönlichkeits-Profil. Persönliche Stärke ist kein Zufall. Mit Fragebogen zur Selbstauswertung.* 31. vollst. überarb. und erw. Auflage. Remchingen: Persolog. 2004.

[17] Leman, Kevin. *Geschwisterkonstellationen. Die Familie bestimmt Ihr Leben.* 6., neu ausgest. Auflage. München: Mvg. 2004

[18] Leider ist gerade mit dieser, für Eheleute wertvollen, Bibelpassage viel Unrecht an Frauen initiiert worden. So viel, dass ich mich fast scheue, diese Bibelstelle zu zitieren. Aber es liegt mir fern, Bibel- stellen nicht zu gebrauchen, weil damit viel Missbrauch getrieben wurde und wird. Meine eigene Eheerfahrung ist ein Beispiel dafür, wie sich diese Verse in einem liebenden Zusammensein und -spiel positiv auswirken können.

[19] Quelle: Kessler, Volker & Martina. Vorlesungsskript zum AcF-Kurs Kommunikation & Konfliktmanagement. Gummersbach: Akademie für christliche Führungskräfte. 2009.

[20] dito.

[21] dito.

[22] Quelle: http://www.sexinderehe.de/index.php?id=84 (online im Internet; Stand 24.02.09).

[23] Stein, Claudia. *Lässt sich Eheglück vorhersagen? Eine empirische Studie zu Ehestabilität und Ehezufriedenheit.* Neuenhagen: CAB Service. 2005; S. 73: Grafik von Dr. Andreas Bochmann, Prepare/ Enrich.

Danke

... *Volker* für mehr als 25 gemeinsame Ehejahre. »Mit einer Frau, die du liebst, genieße das Leben alle Tage deines Lebens« (Prediger 9,9) schrieben wir über unsere Einladung zur Silberhochzeit. Schön, dass ich das Leben mit Dir genießen kann!

... *Emanuel und Natanja* für Eure hilfreiche Korrektur.

... *Irene und Damaris* für das kritische Lesen des Buchskripts und die interessanten Kommentare.

... *Anne und Michael* für Eure langjährige Freundschaft mit fröhlichen und traurigen, albernen und ernsten, aber auch anregenden und gemütlichen Stunden. Danke für jedes »Paar-Co-Mentoring« und Eure Kommentare zum Buchskript.

... *Monika und Jost* für viele Jahre Freundschaft und Zusammenarbeit – auch bei diesem Buch.

... *Prof. Dr. Thomas Schirrmacher* für die Anfrage, die Reihe *kurz & bündig* mit diesem Buch zu ergänzen. Danke für Deine Unterstützung.

... den *Mitarbeitern und Mitarbeiterinnen des SCM Hänssler Verlags* für das engagierte Umsetzen des Projekts.

... *Dieter Bösser, Dr. Andreas Bochmann, Günter Hallstein und Dr. Michael Hübner* für alle Eure Tipps, Euer Mitdenken und die Hilfen.

... den vielen *Rat suchenden Ehepaaren*, die sich mit Vertrauen und ihren Erwartungen an mich wandten. Durch Sie habe ich viel gelernt und ohne Sie hätte ich dieses Buch nicht schreiben können.